근대 사물
탐구 사전

초록비책공방

근대

우리와
함께했던
그때 그 물건

사물

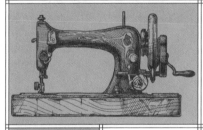

탐구

사전

정명섭 지음

초록비책공방

프롤로그

근대(近代)는 고대와 현대 사이의 시대를 의미한다. 각종 과학 기술이 짧은 시간에 발전하면서 현재 우리가 누리고 있는 대부분의 문물들은 과거, 특히 근대에서 시작된 것이 많다. 그리고 그 시작점들이 근대의 풍경을 혁신적으로 바꿨다.

재봉틀이 보급되면서 옷 가격이 내려가고, 언제 어디서든 불을 붙일 수 있는 성냥이 판매되면서 삶이 더 편리해졌다. 지상의 궤도를 달리는 전차는 말이 끄는 마차를 완벽하게 대체했다. 동물을 이용한 교통수단의 한계를 뛰어넘으면서 인간의 행동반경 또한 크게 넓어졌다. 어떤 소리도 들리지 않고 오로지 영상만 나오는 무성 영화는 오늘날에는 아무것도 아니지만 당대에는 굉장한 충격으로 다가왔다. 연기하는 배우를 찾아 관객들은 영화가 끝나면 배우가 어디 숨어 있는지 스크린 뒤를 살펴보는 일도 많았다고 한다. 풍로는 오늘날의 가스 레인지에 비하면 원시적으로 보이지만 장작이나 숯과는 비교할 수 없을 정도로 화력이 강하다. 그 결과 음식을 만드는 시간이 줄어들고 다채로운 재료들을 사용할 수 있게 되어 식문화에 변화를 가져왔다.

이처럼 근대 사물의 발명은 입는 옷부터 먹는 음식, 사는 공간까지 이전과는 비교할 수 없을 정도로 삶을 바꾸었으며, 그 변화는 오늘날까지 영향을 주고 있지만 그 흔적은 어디에 있을까?

재봉틀과 성냥의 발명으로 생활은 편리해졌지만 인간의 삶이 더 나아졌는지는 의문이다. 예를 들어 근대식 공장에서의 대량 생산이 가능하게 했지만 그곳에서 일하는 노동자, 특히 여성 노동자는 제대로 된 임금을 받지 못한 데다가 일상생활이 힘들 정도의 긴 시간 노동했고, 이는 필연적으로 생존권에 대한 투쟁으로 이어졌다. 이렇듯 근대 사물의 도입은 명암이 함께 존재한다.

따라서 근대 사물이 언제 들어와서 우리의 생활을 어떻게 바꾸었으며 어떤 연유로 사라졌는지를 추적하는 일은 우리의 삶에 대한 이해와 추구해야 할 가치를 깨닫는 일이다. 그럼으로써 오늘날 기술의 발전이 우리 삶을 어디로 이끌지 예측해 볼 수도 있을 것이다.

'근대'를 어디부터 어디까지로 봐야 할까? 사실 시대적 구분이라는 것은 지극히 주관적이다. 한국사에서 근대의 시작과 끝을 나누는 데도 여러 의견이 갈린다. 그래서 근대 사물을 어디까지 살펴야 할지 고민이 많았다. 이 책은 근대의 역사를 논하는 책이 아닌 '근대 사물' 통해 우리의 삶과 생각의 변화를 펼쳐 보이는 책인 만큼 개항을 한 구한말과 대한제국 시기, 그리고 일제강점기 이후 한국전쟁을 거치면서 산업화로 고속 성장을 이룩한 최근 100여 년간을 집중 조명하기로 한다.

100년의 시간 속에서 그때는 혁신적인 문물이었지만 지금은 우리의 기억으로만 남은 것, 혹은 전혀 다른 모습으로 바뀐 근대 사물을 선별하여 그것으로 인해 변화된 생활상과 새로운 물건으로 대체되고 소멸하는 과정을 살필 것이다. 과거부터 현재까지 변화한 모습을 생생히 그려내어 근대 사물의 역사적 의미를 조명해보는 일, 그 과정을 통해 우리가 누리고 있는 오늘날 과학 기술의 미래가 어떤 형태로 전개될지 가늠해보았으면 좋겠다.

차례

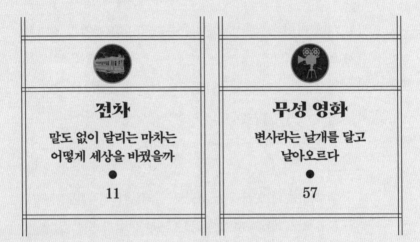
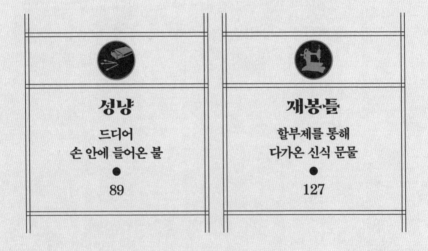

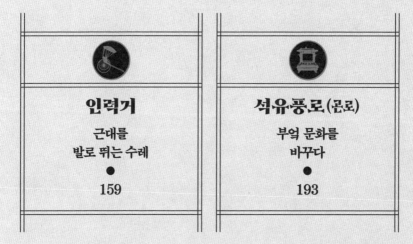
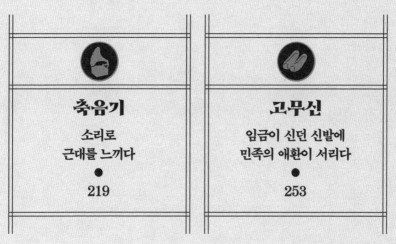

전차

말도 없이 달리는 마차는
어떻게 세상을 바꿨을까

궤도 위를 달리는 전차가 처음 등장했을 때 사람들은 말도 없는
마차가 어떻게 움직이는지 궁금해 했다. 그리고 곧 전차가 만든
신세계를 누비고 다녔다. 돈만 내면 양반과 노비, 남성과 여성을
차별하지 않고 정확한 시간에 원하는 장소에 도착할 수 있었던
전차. 속도와 시간이라는 신세계가 전차와 함께 다가왔다.

501

동대문행 전차의 모습(1963) ⓒ 서울역사박물관

¶ 근대와 전차

산업혁명으로 대도시가 형성되었다. 물론 이전에도 도시는 존재했지만 산업혁명은 도시의 성격을 바꾸어놓았다. 예전의 도시는 주로 왕이나 군주가 머무는 곳 혹은 교통의 요지에 자연스럽게 들어섰으나 산업혁명으로 만들어진 도시는 큰 공장이 먼저 들어섰고 그곳에서 일하는 노동자들이 모여들면서 형성되었다.

집이나 작은 작업장에서 만들던 상품이 기계를 통해 대량 생산되고 소비되면서 사람들은 일자리를 구하기 위해 점점 더 도시로 몰려들었다. 그런데 도시가 확장될수록 사람들은 한 가지 문제에 봉착했다. 집과 일하는 곳의 거리가 너무 멀어진 것이다. 예전에는 걸어 다녀도 충분했다면 인구가 늘어날수록 도시는 걸어 다니기에 감당이 안 될 정도로 커졌다. 사람을 실어 나를 운송 수단이 필요해진 것이다.

가장 먼저 이용된 운송 수단은 마차였다. 2필 또는 4필이 끄는 전용 마차가 있었으나 부자들에게나 유용했을 뿐이다. 그러자 누군가 아이디어를 냈다. 말의 숫자를 늘리고 마차를 크게 만들어서 사람이 많이 탈 수 있게 하자는 것이었다. 말이 엉뚱한 곳으로 가거나 갑자기 움직이면 마차가 전복될 수 있으니 이를 막기 위해 궤도도 깔았다.

이런 방식은 광산에서 사용되었던 '궤도'를 이용한 것으로 보인다. 1807년 영국 웨일스에서 채굴된 광물 대신 사람을 태운 최초의 노면 마차가 등장했다. 노면 마차는 곧 바다를 건너 미국으로 전파되었다.

1831년 그때도 번잡했던 미국 뉴욕에 최초의 상업용 노면 마차가 거리를 누빈다. 좁고 복잡한 거리를 미리 깔린 궤도를 따라 이동하는 마차는 많은 승객을 실어 나를 수 있었으므로 호평받았다. 하지만 결정적인 문제가 있었다. 예민하고 민감한 성격의 말이 시끄럽고 복잡한 도시의 환경을 견디지 못했던 것이다. 거기에다 곳곳에 배변을 보면서 위생 문제 또한 제기되었다.

말을 대신하려 했던 첫 번째 후보는 강철 케이블이다. 마차에 강철 케이블을 연결하고 전기를 이용해서 감는 방식이다.

강철 케이블을 이용한 마차는 말이 다니지 못하는 언덕을 오를 수 있었지만 초창기 전기 설비 장치는 잦은 고장을 일으켰고 강철 케이블이 승객과 마차의 무게를 견디지 못하고 끊어지는 일이 발생했다.

말을 대신한 다음 후보는 증기였다. 증기 기관차가 일상에 파고들었던 때라 기술적인 문제는 없었다. 다만 증기 기관차 특유의 매연과 소음이 문제였다. 인적이 드문 벌판은 상관없지만 도시 한복판은 수많은 사람이 오가는 곳이다. 그런 곳에 엄청난 매연과 소음을 뿜어낼 수는 없었다.

해답은 전기에서 찾았다. 소음도 없고 동력도 충분했기 때문이다. 1881년 독일 베를린에서 시험 주행에 성공한 후 전기로 가는 마차, 즉 '전차'가 빠른 속도로 전 세계에 퍼져나갔다. 민감한 동물이 끌지 않아도 되었고, 언제 끊어질지 모르는 강철 케이블을 보면서 공포에 떨 필요도 없었다. 증기 기관이 뿜어내는 매연을 어렵게 참을 필요도 없었다. 전기를 동력으로 정해진 궤도를 움직이는 노면 전차는 증기 기관차와는 달리 도시 한복판에서도 얼마든지 달릴 수 있어 도시의 모습과 꽤 잘 어우러졌다.

노면 전차의 등장으로 비로소 그럴듯한 근대의 모습이 시작되었다. 전차의 출발 시간을 알면 약속 시간에 맞춰 정확하게 도착할 수 있었다. 걸어가기에는 멀던 직장에 편히 다닐 수 있어 '출퇴근한다'는 개념이 생겨났다. 더 많은 노동자가 공장에서 일하게 되었고 그렇게 만들어진 상품이 세상을 변화시켰다. 근대의 변화는 노면 전차에서 시작되었다고 해도 과언이 아니다.

아시아 역시 이런 변화의 물결에 동참했다. 서양의 기술을 받아들인 아시아 국가들은 전기로 달리는 노면 전차에 매료되었다. 1895년 일본 교토에 최초의 노면 전차가 운행을 시작한다. 조선 역시 곧 노면 전차와 만난다.

¶ 대한제국, 전차를 놓다

일본의 강압을 피해 러시아 공사관으로 피신했던 고종은 1897년 환궁한다. 하지만 경복궁이 아니라 경운궁, 지금의 덕수궁이었다. 명성 황후가 시해된 경복궁에 들고 싶지 않았던 고종의 결정이었다. 이는 감정적인 결정만은 아니었다. 넓은 경복궁은 외부 공격에 취약했기 때문이다.

경운궁은 일반 사저였기 때문에 크기가 비교적 작았다. 영국 공사관을 비롯해 미국과 러시아, 프랑스 공사관이 주변에 포진해 있었고, 정동 제일 교회와 이화학당 같은 외국인 선교사들이 세운 교회와 학교들이 담장처럼 궁궐을 둘러싸고 있었다. 그래서 고종은 외부, 정확하게는 일본군이 예전처럼 마음 놓고 쳐들어올 수 없으리라 판단했다. 고종이 환궁하면서 경운궁은 자연스럽게 대한제국의 중심지로 자리매김하게 된다.

경운궁은 본래 성종의 형인 월산대군의 사저였다. 장자 상속이 원칙이었던 조선 시대에 왕의 형이라는 위치는 더없이 어색한 위치였다. 여기에는 아주 복잡한 사정이 숨어있다. 조카인 단종을 쫓아내고 왕위에 오른 수양대군(세조)은 자기 맏아들인 도원군을 세자로 책봉한다. 의경 세자가 된 그에게는 두 아들이 있었는데 월산대군과 자을산군이다. 하지만 의경 세자가 20세의 나이로 세상을 떠나면서 두 아들은 궁궐에서 나와야만 했다. 아버지의 동생인 해양 대군이 세자가 되었기 때문이다. 즉 수양대군이 사망한 후 해양 대군(예종)이 왕위를 잇는다.

하지만 해양 대군 역시 오래 살지 못하고 세상을 떠나고 만다. 이후 왕위 계승을 놓고 왕실과 권력가들 사이에 치열한 암투가 벌어졌다. 승자는 의경 세자의 둘째 아들 자을산군이었다. 이는 의경 세자의 아내인 인수대비와 세조의 측근 한명회의 결탁으로 이루어졌다. 형인 월산대군을 제치고 동생인 자을산군이 왕위를 이은 이유는 두 가지였다. 자을산군의 나이가 어렸기 때문에 수렴청정을 할 수 있는 기간이 길다는 것과 자을산군의 장인이 바로 한명회였다는 것.

자을산군이 즉위해서 성종이 되자 형인 월산대군은 정동에 있는 자기 집에서 칩거하는 삶을 살았다. 앞서 이야기한 대로 왕조시대에 왕의 형이라는 자리는 더없이 불편하고 위험한 자리였기 때문이다. 그는 주변의 시선을 의식하면서 자기 집과 별장을 오가며 지내다가 세상을 떠났다.

월산대군이 죽은 후 정동에 있던 그의 집은 한동안 기억에서 잊혔다. 그러다가 역사의 전면에 다시 등장한 것이 임진왜란 때다. 의주까지 피난을 갔다가 한양으로 돌아온 선조는 난처한 문제에 직면한다. 일본이 철수하면서 궁궐들을 모조리 태워버렸기 때문이다. 할 수 없이 정동에 있던 월산대군의 집을 임시 거처로 삼는다. 왕이 잠시 머무는 곳을 행궁이라 불렀기 때문에 자연스럽게 정동 행궁 내지는 정동의 원래 이름인 정릉동을 따서 '정릉동 행궁'이라 불렀다.

이곳이 무사했던 이유는 일본군이 사령부로 사용했기 때문이다. 하지만 왕이 기거하게 되자 문제가 생겼다. 왕궁이 아니라 대군의 저택이었던 터라 규모도 작고 전각의 크기와 배치도 궁궐과는 맞지 않았다. 주변의 집들을 사들여 규모를 넓히긴 했지만 창덕궁이 다시 지어진 이후에는 더 이상 궁궐의 역할을 하지 못했다. 그래서 광해군 때는 선조의 부인이자 계모인 인목대비를 유폐시키는 데 사용되기도 했다. 이때는 서궁이라 불렸으며, 왕궁의 역할을 마무리한 이후에는 명례궁이라고 불렀다. 규모도 작고 아픈 역사가 있어 이후의 임금들도 창덕궁과 경희궁에 오가며 지낼 뿐 이곳에서는 머무르지 않았다. 그렇게 잠시 반짝거렸다가 사라질 운명이었던 이곳이 또다시 궁궐이 된 것은 구한말의 복잡한 정치적인 사정 때문이었다.

　1895년, 일본은 청일 전쟁에서 승리했지만 뜻밖의 암초를 만난다. 바로 러시아가 주도한 삼국간섭이다. 프랑스, 독일과 손잡은 러시아는 일본이 승리의 대가로 요동반도를 차지하는 것을 막아섰다. 러시아와의 정면 대결은 승산이 없다고 생각한 일본은 요동반도를 집어삼키려는 욕심을 포기한다.

　이런 상황을 목격한 고종과 명성 황후는 러시아에 적극적으로 접근한다. 청일 전쟁의 패배로 힘이 빠진 청나라를 대신해 일본의 침략을 막아줄 역할을 러시아에 기대한 것이다. 조선 주재 러시아 공사 베베르와의 접촉도 빈번해졌다.

　요동반도는 둘째 치고 조선에 대한 영향력까지 잃을까 우려한 일본은 말도 안 되는 선택을 한다. 명성황후시해사건이다. 낭인과 훈련대를 경복궁에 침입하도록 하여 명성 황후를 참살하고 시신을 불태워버렸다. 아무리 제국주의 시대라지만 타국의 왕궁을 침입해서 왕비를 죽이는 짓은 그야말로 천인공노할 만행이었다. 이 일로 일본은 고종을 경복궁에 유폐시키고 친일 내각을 이용해 조선에 대한 영향력을 되찾는다.

　하지만 명성 황후의 죽음에 반발해 전국에서 의병들이 들불처럼 봉기했고 그들을 진압하기 위해 군대가 출동하면서 경복궁의 수비가 느슨해졌다. 고종은 그 틈을 타서 후궁인 엄비의 가마에 몰래 타고 탈출을 감행한다. 그가 향한 곳은 당시 '아라사'라고 부른 러시아 공사관이다. 정동에 있는 아라사로 고종이 탈출한 사건을 '아관파천(俄館播遷)'이라고 부른다.

일국의 왕이 타국의 공사관으로 몸을 피한 이 사건은 더없이 치욕적인 일이다. 하지만 아관파천으로 말미암아 고종은 적지 않은 것을 얻었다. 일단 일본과 손잡은 얄미운 친일 내각을 무너뜨려 일본의 영향력을 단숨에 후퇴시켰다. 그리고 1년 동안 러시아 공사관에 머물면서 정국을 구상할 수 있었다.

1897년, 드디어 고종은 러시아 공사관을 떠나 근처에 있는 경운궁으로 향한다. 그리고 대한제국을 세운다. 청나라와의 사대관계를 정리하고 독자적인 국가로 나아가겠다 선포한 것이다. 그러고는 여러 가지 개혁 정책을 실시했는데 이를 대한제국의 연호를 따서 '광무개혁(光武改革)'이라 한다. 광무개혁의 핵심은 '서양 따라잡기'라고 할 수 있다. 서구의 기술과 제도를 받아들여 국가를 개혁시킨다는 것인데, 그중 하나가 '노면 전차'였다. 드디어 서구의 속도와 시간으로 사람들의 일상이 변화하게 된 것이다.

¶ 속도와 시간

앞선 시대와 다른 근대의 특징은 '시간'과 '속도'라고 할 수 있다. 교통수단이 미약하고 시간에 대한 명확한 개념이 없던 시대에는 걷거나 말을 타고 갈 수밖에 없어 원하는 시간에 원하는 장소로 이동한다는 것이 매우 어려운 일이었다. 게다가 시간을 측정할 수 있는 도구도 부족했기 때문에 정확한 시간을 알 수도 없었다. 오늘날로 말하자면 비효율적이었다.

조선 시대 문집이나 개인 기록들을 보면 누군가를 만나거나 모임 날짜를 잡기가 굉장히 어려웠다는 것을 알 수 있다. 어렵게 찾아갔는데 자리에 없을 때가 많았고, 여러 명이 서로 연락하고 날짜를 잡는 데 오랜 시간이 걸렸다. 시간과 장소를 정했다고 해도 거기까지 가는 것도 문제였다. 걷는 것은 시간이 오래 걸렸고 말을 타고 가는 것 역시 녹록지 않았다. 워낙 비싸기도 했고 관리하는 사람까지 있어야 했기 때문이다.

노면 전차가 등장하자 이 모든 문제가 해결되었다. 전기를 동력으로 정해진 궤도대로 움직이는 전차 덕분에 사람들은 발이나 말에 의지하지 않고도 원하는 장소, 원하는 시간에 도착할 수 있었다. 이전과는 비교할 수 없을 정도로 속도가 빨라진 것이다. 그러자 시간이라는 개념도 확실해졌다. 시계의 등장으로 정확한 시간을 측정할 수 있기도 했지만 노면 전차라는 교통수단의 등장이 결정적인 역할을 했다.

근대의 시간과 속도를 받아들이기로 한 대한제국은 노면 전차의 도입을 서둘렀다. 1898년 경희궁 흥화문 앞에서 한성 판윤 이채윤과 미국 공사 알렌 등이 참석한 기공식이 열렸다. 종로로 연결될 궤도 공사가 먼저 시작되었는데 일본에서 온 기술자들이 궤도를 따라 전신주를 세우고, 미국에서 수입한

● 1899년 서대문에서 종로, 동대문을 거쳐 청량리에 이르는 전차 개통식
ⓒ 위. 서울역사박물관 / 아래. 한국저작권위원회

노면 전차의 차체를 조립하기 시작했다. 노면 전차에 전기를 공급할 발전소가 동대문 안에 세워지기 시작한 것도 바로 이 즈음이다.

　궤도 부설과 전신주 설치 공사가 끝난 1899년, 드디어 노면 전차가 운행을 시작한다. 5월 17일에 있었던 개통식에 물밀듯이 많은 인파가 몰려왔다. 바퀴가 달린 수레는 사람이나

THE TODAI-MON GATE, KEIJO.　　　　門 大 東 城 京

● 동대문을 통과하는 전차의 모습 ⓒ 서울역사박물관

동물이 끄는 것이 상식이던 시대였다. 그러니 커다란 쇳덩이
가 소리를 내며 스스로 굴러가자 얼마나 놀랐겠는가. 엄청난
문화적 충격이었다. 그래서인지 당시 들어왔던 서양 문물 중
노면 전차는 유독 큰 인기를 끌었다. 바다 건너 수천 리 떨어
진 곳에서 이상한 피부색을 가진 사람들이 만든 괴상한 물건
이라는 거리감이 단숨에 준 것이다. 개통식 당일 시범 운행을
보러 너무 많은 구경꾼이 몰려오는 바람에 경무청에서 순검
들을 보내서 막아야 할 지경이었다.

　제일 먼저 운행이 시작된 노선은 서대문에서 시작해 동대

● 승객 수송용 객차. 가운데가 상등칸이며 좌우칸에는 각각 5열로 의자만 배열하였다.
ⓒ 한국저작권위원회

문을 지나 홍릉*까지 이어지는 길이었다. 경운궁으로 돌아온 고종이 가장 먼저 한 일이 일본 낭인들의 손에 무참하게 죽어 간 명성 황후의 장례였는데 이후 홍릉을 조성하고 찾아가는 그 길이 대한제국 첫 번째 노면 전차 노선이 된 것이다. 첫 번째 노선이 왕이 죽은 왕비의 무덤으로 가는 길이라는 점은 대한제국이 진행한 광무개혁의 한계를 보여주는 것이기도 하다.

처음에는 노면 전차를 남대문에서 출발시킬 계획이었지만 경인 철도의 종착역이 서대문 정거장으로 결정되면서 출발점

---

*   조선 고종과 비 명성 황후의 능. 원래 서울특별시 동대문구 청량리동에 있던 것을 1919년에 경기도 남양주시 금곡동으로 옮겼다.

● 보신각 앞에 선 전차 ⓒ 한국저작권위원회

이 바뀌었다. 서대문 정거장은 대한제국의 중심지인 경운궁과 가까웠고 정동 일대에 거주한 외국인들이 제물포를 통해 수입한 물자를 자신들의 거주지에 옮기기 편했기 때문에 경인 철도의 종착역으로 결정되었다.

대한제국에 전차가 부설된 시기는 굉장히 빠른 편이다. 일본에서도 전차는 교토와 나고야밖에 없었고 수도인 도쿄에도 아직 없었다. 개통식 후 점검을 마친 노면 전차가 드디어 운행을 시작했다. 서대문에서 종로를 거쳐 동대문으로 나와 홍릉으로 가는 길. 사람들은 길가는 물론 성벽에 올라가 구경했다. 장죽을 입에 문 양반은 점잖게 뒷짐을 지고 지켜보다가 망측

● 용산 신시가지 거리 풍경. 왼쪽으로 보이는 전차 선로는 용산역으로 들어가는 분기선이다.
ⓒ 서울역사박물관

한 일이라며 고개를 절레절레 저었다. 하지만 그보다 더 많은
사람이 노면 전차를 보고 신기해했다. 서양 물건에 대한 거부
감 따위는 없었다. 오히려 소문을 듣고 달려와 매일 전차를 타
느라 가산을 탕진한 사람까지 나왔다.

　단선으로 깔린 전차는 한성의 중심을 지나가면서 개화와
신문물이 무엇인지를 몸소 보여주었다. 당시 전차는 주로 일
본인 기사들이 운행했는데, 전차 가운데는 창문이 달린 벽으
로 막혀 있고 나머지 앞뒤는 개방되어있었다. 당연히 벽으로
닫힌 공간이 추위나 비바람에서 자유로웠다. 그래서 가운데는
상등 칸, 나머지는 하등 칸으로 나누어 요금에 차등을 두었다.

초창기에는 정거장이 없어서 손을 들면 노면 전차가 멈춰 사람을 태웠다. 그러다 보니 여러 가지 재미난 이야깃거리가 생겨났다.

어느 지체 높은 양반이 신기한 탈 것이라는 소문을 듣고 직접 타보려고 하인을 보내 지나가는 전차를 세워 자신이 올 때까지 기다리게 했다. 하지만 전차가 어찌 이를 기다릴까? 무시하고는 그냥 가버렸다. 양반은 감히 자기를 기다리지 않았다고 노발대발했지만 세상은 이미 반상 구분 없이 전차처럼 빠르게 변하는 중이었다. 그러다 개통식이 얼마 지나지 않아 사고가 발생했다. 종로를 지나가던 전차에 다섯 살짜리 아이가 치어 사망한 것이다. 자식을 잃은 아버지는 격분한 나머지 주변 사람들과 합세해 전차를 부수고 불을 질렀다. 초창기에는 이렇게 사건 사고들이 잦았다. 전차를 파손하는 일도 심심치 않게 벌어졌다. 그러면 경무청 순검들이 출동해서 진정시킨 다음에야 운행이 재개되곤 했다.

다행스럽게도 사고가 줄어들면서 노면 전차들은 순조롭게 거리를 누볐다. 첫 번째 노선이 안정적으로 운영되자 종로와 용산을 잇는 노선이 깔렸다. 용산은 원래 한적한 곳이었지만 개항된 이후 공장들이 들어서면서 사람들이 살게 되었다. 특히 증기로 움직이는 기선이 도입되면서 물살의 흐름에 상관없이 한강을 다닐 수 있게 되자 잘 들어오지 않던 용산 일대까지 배가 들어왔고, 차츰 인구가 늘고 역동이 커지자 다음 노선으로 결정된 것이다.

그다음에는 한강의 주요 포구인 마포에서 서대문까지 노면 전차 노선이 깔렸다. 마포 노선이 깔릴 즈음 전차는 사람들에게 더 이상 낯설지 않았다. 노면 전차는 계속 굴러갔다. 그리고 근본적인 변화를 가져왔다.

가장 큰 변화는 시간의 존재감이 두드러졌다는 것이다. 노면 전차는 조선인에게 시간과 속도라는 개념을 확실히 각인시켰다.

전차는 정해진 시간에 궤도가 깔린 노선을 운행했다. 양반이 아니라 양반 할아버지가 와도 기다려주지 않았다. 이제 시간은 불확실한 존재가 아니라 예측할 수 있는 존재가 되었다. 그리고 말과 발걸음을 앞선 속도가 생겨나면서 사람들은 '낮'과 '밤', '가까이'와 '멀리' 같은 추상적인 개념이 아니라 '오전'과 '오후', '몇 시'라는 개념으로 시간을 인식했다.

사람들은 일정한 시간대에 종을 울리며 지나가는 전차를 보면서 어렴풋하게 시간을 인지할 수 있었다. 예를 들어 1900년에 경인 철도를 타고 인천에서 서대문 정거장에 오전 9시 30분에 도착하면, 약 15분 후에 출발하는 노면 전차를 타고 서대문을 통과해서 경운궁과 경희궁을 연결하는 홍교* 아래를 지나 한성 시내로 올 수 있었다.

---

*   양쪽 끝은 처지고 가운데는 높여서 무지개처럼 만든 둥근 다리

이렇게 노면 전차가 많아지고 익숙해지자 걸림돌이 하나 생겼다. 바로 한성을 둘러싼 성벽이다. 한때 도성의 위용을 상징하던 성벽은 이제 전차가 오가는 데 방해가 되었고, 노면 전차가 성문을 통과하면서 조선왕조 내내 지속되었던 야간 통금 또한 무력해졌다. 여기에 헤이그 특사 사건의 여파로 고종이 퇴위한 이후 대한제국 고위 관료들이 사실상 일본의 꼭두각시로 전락하면서 결국 일본 왕세자의 방문을 이유로 성벽들은 허물어졌다.

권위와 질서를 상징하는 한성의 성벽은 그렇게 사라졌고 그 자리에는 근대를 상징하는 노면 전차가 다니기 시작했다. 그리고 얼마 지나지 않아 대한제국은 사라지고 일본 식민지 조선이 탄생한다. 일본이 대한제국을 식민지로 삼으면서 가장 먼저 한 일이 국호를 지우고 조선으로 되돌린 것이다. 근대 문물은 들어섰지만 나라는 사라졌다. 대한제국 시기 노면 전차 사업을 독점하던 한성전기회사의 후신인 한미전기회사는 1909년 일한와사전기주식회사라는 일본 회사에 사업권을 넘겨준다. 이 과정에서 미국 측 운영자인 콜브란은 대주주인 고종의 허락을 받지 않고 사업권을 팔아버린 후 해외로 도망치는 추태를 보이기도 했다.

¶ 식민지 조선의 노면 전차

일본은 조선을 식민지로 만들면서 도성이었던 한성을 경기도의 한 도시인 경성, 게이조로 바꾸어버렸다. 하지만 명목상의 지위와는 상관없이 경성은 나날이 인구가 늘었고, 식민지 거점 도시로 자리매김하면서 대한제국 시기에 놓인 전차 노선과는 다른 형태의 노선이 놓이기 시작한다.

가장 뚜렷한 변화는 일본인이 많이 살던 남촌에 집중적으로 전차 노선이 깔리기 시작했다는 점이다. 조선이 개항하자 일본인들은 한성*의 남쪽에 자리를 잡는다. 지금은 강남이 대세지만 조선 시대 한양의 남쪽은 가난한 선비들이 사는 곳이었다. 햇빛을 등지고 있어서 늘 그늘이 졌기 때문이다. 남쪽에 있는 남산 기슭은 늘 진흙탕이라서 '진고개'라고 불렸고 비가 오지 않는 맑은 날에도 나막신을 신어야만 했던 남산의 가난하고 자존심 센 선비들의 별명은 '딸깍발이'였다.

조선 시대 내내 찬밥 신세였던 남촌에 빛이 찾아든 것은 역설적으로 조선이 어둠에 잠기면서부터다. 한성으로 들어온 일

---

* 조선의 수도이자 서울특별시의 전신. 한강(漢)의 북쪽(陽)을 의미하는 옛 지명이다. 조선시 대의 공식 명칭은 한성부(漢城府)이다. 오늘날의 종로구와 중구 전지역, 동대문구 대부분, 서대문구 전지역, 성북구 전지역, 용산구 전지역, 강북구 대부분, 성동구 대부분, 마포구 대부분, 은평구 대부분이 한양에 해당되는 지역들이다.

본인은 초반에는 비교적 힘이 약했다. 임오군란과 갑신정변 때 한성의 일본인은 두 번이나 죽을 고비를 넘겨야만 했다. 그래서 빈 땅이 많고 조선인의 힘이 약한 한양의 남쪽, 남산의 진고개 일대에 자리를 잡고 일본 공사관을 중심으로 모여 살기 시작했다. 일본인이 모여 살기 시작한 남촌은 곧 신기한 물건들을 파는 곳으로 명성을 떨쳤다. 시골에서 올라온 사람들은 왜각시가 파는 눈깔사탕을 사러 진고개에 뻔질나게 드나들기도 했다.

청일 전쟁과 러일 전쟁에서 승리하고 마침내 일본이 조선을 식민지로 삼게 되면서 남촌의 일본인들은 경성으로 이름이 바뀐 도시의 주인이 되었다. 모든 기반 시설이 그들에게 우선 제공되었다. 노면 전차도 그중 하나였다. 1910년 신용산선이 설치되고 1912년에는 황금정선이 개통되었다. 이어서 대한제국 시절 중심지라고 할 수 있는 종로를 관통하는 노선이 깔렸고 한강의 주요 포구인 마포와 연결되는 노선이 추가되었지만 일본의 식민지가 된 이후에는 그들이 사는 진고개 일대, 특히 일본군이 주둔하게 된 용산 지역을 중심으로 노면 전차가 배치되었다. 기존 전차 노선이 한성의 중심지이자 인구가 많이 사는 종로 일대를 동서로 가로질렀다면 식민지가 된 후로 일본인이 많이 모여 사는 남쪽 지역을 연결하기 위해 남북으로 이어지는 노선을 추가했다.

용산에 일본 군대가 주둔하면서 주변으로 몰려든 일본 상

● 종로를 운행하기 시작한 전차. 멀리 인왕산이 보이고 전차가 단선 궤도 위를 달리고 있다.
ⓒ 서울역사박물관

인들에게 일본은 조선인에게서 빼앗은 땅을 나누어주었고, 용산이 경인 철도 노선의 종착점이 되고 경부선 철도까지 연결되면서 용산은 교통의 중심지가 되었다. 철도에서 운반한 물자와 승객들을 위한 전차 노선 또한 배치되었음은 물론이다.

우선 전차가 다닐 수 있게 도로가 정비되었고 그 길을 따라 전신주가 세워졌다. 밤에 불을 밝힐 가스등이 뒤를 이었다. 조선인이 가장 많은 북촌 지역은 모든 우선순위에서 밀려났다. 일본은 이것을 근대화의 상징이자 무능한 조선을 대체한 자신들의 업적으로 포장했다.

노면 전차의 이용객이 늘어나고 대수가 증가하자 단선 궤도로는 수요를 맞출 수 없었다. 그래서 복선, 즉 왕복으로 오갈 수 있는 노선이 생겨났다. 물론 일본인이 많이 사는 한성의 남쪽 지역이 먼저였다. 서대문 쪽에 있던 서대문 정거장은 폐쇄되었고 일본인이 많이 이용하는 용산과 바로 북쪽에 있는 경성역에 정거장이 세워졌다.

¶ 조선총독부와 노면 전차

일본인이 모여 사는 남촌 위주로 노면 전차를 개통하던 움직임에 변화가 생긴 것은 1910년대 후반이다. 딱히 조선인을 챙겨주려는 것은 아니고 일본인의 활동 범위 위주로 전차를 운행하다 보니 일한와사전기주식회사가 심각한 경영난에 빠져버린 것이다. 1919년 3.1만세운동의 매서운 경험도 시선을 북쪽으로 돌리게 했다. 무엇보다 가장 큰 이유는 지금의 경복궁 광화문 자리에 세워질 조선총독부 때문이었다.

1995년에 철거된 조선총독부 건물 이전의 총독부 건물들은 남산에 있었는데, 일본인을 보호하고 관리하기에는 부족함이 없었으나 주민 대다수를 차지하는 조선인을 관리하고 통제하기에는 남쪽으로 치우쳐 있었다. 아울러 조선의 주인이 누구인지 조선인에게 보여줘야 했다. 그래서 경복궁 광화문 일대에 새로운 총독부 건물을 세우기로 한 것이다. 이 와중에

● 1912년 중앙청 조선총독부 ⓒ 한국저작권위원회

광화문은 철거될 위기에 처했다가 위치를 옮겨 겨우 살아남는다.

원래의 광화문 자리에 세워진 총독부는 엄청난 크기를 자랑하면서 경복궁을 완전히 가려버렸고 육조거리였던 광화문통과 종로 일대를 굽어보았다. 백두산에서 자른 소나무와 창신동 채석장에서 캐낸 화강암을 자재로 사용한 총독부 건물은 1926년 완공되어 그 위용을 자랑했다. 그리고 12년 후인 1937년, 총독부의 북쪽이자 경복궁 후원이 있던 곳에 총독의 관저를 지었다. 그곳은 광복 후에 경무대가 되었다가 지금의 청와대로 이어진다. 총독부가 자리를 잡은 것을 계기로 일본

회사들이 청계천을 넘어 북쪽으로 넘어왔고, 총독부 관리의 사택들 또한 곳곳에 지어지면서 북촌에도 일본인들이 거주하기 시작했다. 그러면서 자연스럽게 북촌 노선이라고 불리는 노면 전차 노선들이 생겨난다.

종로에서 광화문, 그러니까 총독부 앞까지 이어지는 광화문선을 시작으로 안국동선과 통의동선이 개통되었다. 광화문선은 총독부를 드나드는 일본인을 위해 만들어졌고, 안국동선은 조선 식산은행이 안국동에 직원 사택단지를 조성하면서 직원들을 출퇴근시키기 위해 깔렸다. 통의동선 역시 경성부윤 관사와 동양척식 주식회사의 사택을 이어주는 노선이었다.

일본은 노면 전차 노선을 깔기 위해 경복궁을 훼손하는 것을 망설이지 않았다. 대표적 만행이 통의동선이 지나갈 공간을 마련한다는 명분으로 경복궁의 서십자각과 담장을 허물어 버린 것이다. 교통의 편의성을 위해서라고 했지만 일본의 이런 행동이 조선인의 눈에 곱게 보일 리 없다. 당시 동아일보에 실린 기사를 보면 조선인들의 울분과 분노가 엿보인다.

일본인의 세력은 날로 북부를 향하야 침범하는 중이다. 종로통에 일본인 상염이 늘어가는 것은 눈먼 장님이라도 딸각신 소리만 들어도 알녀니와 경복궁 대궐을 중심으로 淸進洞, 壽松洞, 中學洞, 諫洞, 松峴洞, 八判洞, 光化門通과 다시 서편으로 唐珠洞, 都染洞, 積善洞, 通義洞 昌成洞, 孝子洞, 宮井洞,

清雲洞 등디에는 날마다 일본인의 집이 한 집식 두 집식 느러 가는 대신에 조선 사람의 집은 그만치 주러들게 되는 것은 현저한 사실이라.

조선총독부의 완공을 계기로 일본인은 북촌까지 넘어와서 자리를 잡았다. 노면 전차를 앞세워서 말이다. 이제 조선인에게 전차는 신기한 서구의 문물이자 근대화의 상징이 아니라 침략자인 일본인이 서슴없이 자리를 빼앗는 두려운 존재가 되어버렸다.

¶ 전기 부영화 운동

그렇다면 노면 전차는 경성 시민의 유용한 운송 수단이었을까? 안타깝게도 남아있는 기록을 보면 여러 가지 문제점이 보인다. 모든 문제의 시작이자 원인은 바로 한국전력주식회사(韓國電力株式會社, 이하 경성전기)였다.

대한제국 시기 전차 사업을 맡았던 한미전기회사의 사업권을 이어받은 일한와사전기주식회사는 1915년 사세를 확장하면서 경성전기로 이름을 바꾼다. 경성전기는 경성의 전차 사업을 독점했다. 오늘날 주요 교통수단들은 대부분 정부나 지자체 소속이고, 그렇지 않으면 유지비가 지원된다. 이런 운영 방식을 택한 이유는 교통수단이 대부분 시민에게 직간접적으로 도움을 주는 기간산업이기 때문이다. 그런데 일제강점기에 운행된 기간산업은 특이하게도 민간 업체가 운영했다. 노면 전차뿐만 아니라 전기 사업도 독점으로 운영했다. 오늘날로 치면 공공 교통을 민영화한 셈이었다. 최근에는 경쟁

● 경성전기주식회사 ⓒ 서울역사박물관

과 효율을 이유로 민영화를 했다가 다시 공공기관에서 인수하기도 하지만 당시 총독부는 비용 절감과 일본 사업가들의 이윤을 보장해주기 위해 처음부터 전차 사업을 민영화했다.

경쟁이 없는 공공사업의 민영화가 어떤 결과를 초래하는지는 많은 사례가 보여주기에 길게 설명할 필요는 없을 듯하다. 경성전기 역시 마찬가지였다. 3.1만세운동의 여파로 1920년 일본의 통치 방식은 무단통치에서 문화통치로 바뀌면서 이에 조선어로 된 신문이 발행되기 시작했다. 이 신문들은 총독부와 일본인의 관점을 반영한 일본 신문과는 달리 조선인의 의견을 최대한 반영했다. 그중 하나가 경성에서 전차를 이용하는 조선인의 불만이었고 이에 관한 내용들이 신문에 자주 실렸다.

일단 가장 큰 문제는 탑승객보다 전차가 너무 적다는 점이다. 경성의 인구는 계속 늘어났다. 일본에서 일본인도 많이 들

어왔지만 대부분 증가하는 인구는 지방에서 올라온 조선인이었다. 자연스럽게 노면 전차를 이용하는 조선인 승객도 많아졌다.

이제 노면 전차는 신기한 신문물이 아니라 사람들의 이동을 책임지는 중요한 운송 수단이 되었다. 1920년대에는 하루 평균 6만 명에서 9만 명이 이용했는데 1910년에 하루 이용객이 1만 명이 안 되었다는 사실을 감안하면 10여 년 만에 열 배 가까이 증가한 셈이다. 물론 이용객의 증가에 발맞추어 여러 노선이 생겨났고 복선화가 되었으며 전차의 수도 50여 대에서 100여 대로 늘어났지만 그 많은 승객이 이용하기에는 턱없이 부족했다. 게다가 고장 등 기타 이유로 80여 대 정도만 운행 가능한 실정이었다. 이용객은 열 배나 늘었는데 운행되는 전차의 수는 고작 두 배도 늘지 않았으니 이때부터 이용객이 전차에 빽빽하게 들어선 '만원 전차'라는 말이 생겨났다. 게다가 이용객의 수가 늘자 노면 전차의 운행 속도가 뚝 떨어졌다. 사람이 빨리 걷는 것보다 느리다는 불평마저 생길 정도였다.

승무원의 무례하고 고압적인 태도 역시 문제가 되었다. 노면 전차의 운전사와 차장들은 임금도 높고 검은색 상의와 흰색 바지에 모자를 쓴 제복도 멋있어서 인기 직종이었다. 하지만 대부분이 일본인이었던 승무원들은 고압적이고 위압적인 자세로 이용객들의 불만을 샀다. 특히 조선인을 깔보았다.

이용객들은 당연히 불만이 커질 수밖에 없었고, 이들의 목소리는 조선어로 발간되는 신문에 자주 실렸다. 심지어 전차 승무원이 발길질해서 상처를 입은 경우도 벌어졌다. 운행하던 전차에서 떨어지거나 치어 중상을 입는 경우도 빈번했다. 전차가 아니라 흉기라는 말이 나올 정도로 분위기는 험악했지만 경성전기 측은 이용객들의 항의를 외면했다. 어차피 독점 사업이라 귀를 기울일 필요도 없었을 것이다. 노면 전차의 수요 부족 현상 역시 별다른 조치가 취해지지 않았다.

조선인 이용객에 대한 차별은 여기에서 그치지 않았다. 경성 외곽과 연결된 교외선 중 일본인이 많이 이용하는 용산선은 시내 요금을 적용하고, 조선인이 이용하는 나머지 교외선에는 시외 요금을 적용한 것이다. 누가 봐도 명백한 차별이었으므로 교외에 사는 조선인은 교외선에도 시내 요금을 적용해달라고 요구하는 한편, 부영화를 제기했다. 부영화는 경성부에서 직접 노면 전차를 운행하라는 것으로 지금으로 치면 국영화와 비슷한 말이다. 경성뿐만 아니라 부산이나 평양에서도 승무원의 불친절한 태도와 비싼 전차 요금에 지친 주민들이 부영화를 요구하는 목소리를 높였다. 특히 전차를 타고 일터에 나가는 직공들이 항의 대열에 가세했다. 출퇴근 시 부당한 시외 요금을 내는 것이 부담스러웠을 것이다.

갈등이 증폭되는 와중에 흥미로운 사실은 부영화 운동에 일본인과 조선인의 구분이 없었다는 점이다. 이런저런 불만 사항이 계속해서 터져 나왔고 시위와 항의 방문이 이어졌다.

하지만 경성전기 측의 태도는 요지부동이었다. 어차피 독점사업이라 승객이 줄어들 염려가 없으니 적지 않은 이익을 거둘 수 있었기 때문이다. 그러니까 충분한 여력이 있었는데도 이용객의 항의를 무시한 것이다. 여기에는 조선총독부가 재원을 마련할 수 없다는 이유로 경성전기에 대한 인수 요구를 거부한 것도 한몫했다.

시간이 지날수록 문제 해결의 기미는 보이지 않고 조선인이나 일본인할 것 없이 노면 전차에 대한 불만은 커져만 갔다. 총독부의 기관지 격인 매일신보에서조차 부영화를 지지하는 논설을 싣기도 했다. 이런 소란 속에서 영원할 것 같던 노면 전차 사업에 균열이 가는 일이 벌어졌다. 애물단지가 된 전차를 대신할 새로운 운송체계가 등장한 것이다. 바로 버스였다.

¶ 버스의 등장

노면 전차가 이런저런 비판의 대상이 되던 중에 버스가 등장했다. 전차가 운행되려면 궤도가 설치되어야 하고 전기가 공급되어야만 했다. 막대한 설치비가 들었고 한번 노선을 만들면 바꾸기가 어려웠다. 반면 내연기관으로 움직이는 버스는 전차처럼 많은 사람을 싣지는 못하지만 대신 전기와 궤도가 필요 없었다. 이 말인즉슨 도로만 있다면 어디든 다닐 수 있

● 1928년 최초로 운행을 시작한 경성부영버스 ⓒ 서울역사박물관

다는 뜻이다. 날로 확장되고 인구가 늘어나는 경성에 적합한
교통수단이었다.

조선총독부와 경성부청에서도 버스에 대한 관심이 높아졌
다. 그런 와중에 관동대지진으로 노면 전차를 운행할 수 없게
된 도쿄에서 시가 직접 버스를 운행한 사례가 들려왔다. 시가
직접 운영하는 버스는 생각보다 호응이 컸고 다른 도시에서
도 버스를 도입하는 경우가 늘었다. 경성에서도 버스를 도입
하자는 의견이 대두되었다.

1927년 마침내 총독부에서 버스를 도입하기로 하자 여러
사업자가 나서서 경쟁했다. 그중에는 경성부도 있었고 지탄의

대상인 경성전기도 있었다. 경성전기는 자신들이 버스를 운영해야 노면 전차와 함께 효율적으로 운행할 수 있다면서 경성역을 중심으로 한 예상 버스 노선도까지 발표했다. 그동안 노면 전차가 운행되지 않던 곳이나 궤도가 하나라서 불편했던 지역들이 주로 포함되어있었다.

하지만 노면 전차의 불성실한 운행과 승무원들의 고압적인 태도에 지친 여론의 반대가 거셌다. 전차에 이어 버스까지 경성전기에 맡길 경우 비슷한 사례가 벌어질 것이라는 우려였다. 만성 적자에 시달리던 경성부는 버스를 직영으로 운행해서 수익을 챙기겠다는 욕심을 드러냈다. 결국 버스 운행권은 경성부로 넘어갔고 부영버스라는 명칭을 얻게 되었다.

경성부는 4개 노선을 선정했는데 경성을 남쪽에서 북쪽으로 연결하는 노선이 많았다. 동서 방향으로 운행되는 노면 전차의 취약점을 메꾼 것이다. 출발지는 경성역이 많았다. 노면 전차와의 경쟁을 최대한 피한다고는 했지만 일부 노선은 겹칠 수밖에 없었다. 노면 전차와 부영버스와의 경쟁은 불가피했다.

버스 운행은 경성부 내무과에서 맡았고 14인승 일본제 버스를 도입했다. 여기에 손잡이가 8개가 있으므로 총 22명이 탈 수 있는 버스였다. 승무원은 운전사와 차장으로 이루어졌는데 노면 전차와는 달리 주로 조선인을 고용했다. 20세에서 30세 사이의 남성 응시자 중에서 버스 운전 시험을 거쳐서 운전사를 뽑았고, 18세에서 20세 사이의 여성 중에서 차장을 뽑았다.

차장은 응대해야 한다는 이유로 일본어를 할 줄 알아야 했고 승차표 계산 능력이 필요했다.

노면 전차에 택시와 인력거까지 있는데 굳이 버스까지 도입해야 하느냐는 반대 여론이 있기는 했다. 하지만 노면 전차에 대한 불만이 큰 상황이었고 인력거와 택시는 상대적으로 요금이 비쌌기 때문에 버스 운행에 대한 기대감이 컸다.

1928년 4월, 드디어 부영버스가 운행을 시작하자 초창기의 노면 전차와 같은 현상이 벌어졌다. 버스라는 신기한 물건을 타기 위해 사람들이 버스 정류장으로 몰려든 것이다. 초창기의 노면 전차처럼 아무 목적지 없이 버스를 타고 다니는 사람들도 많았다. 열 대로 시작한 부영버스는 폭발적인 인기를 누렸고 배차 시간이 너무 길다는 불평이 이어졌다. 수요를 확인한 경성부는 버스의 대수를 늘렸다. 하지만 노선은 노면 전차처럼 일본인의 편리 위주로 결정되었다. 일본인이 많이 사는 경성 남쪽의 진고개와 경성역, 총독부를 이어주는 식이었다.

이 시기에는 경성 외곽 지역에도 인구가 많았다. 버스 배차를 늘려달라는 이들의 목소리가 거셌지만 경성부는 운행 거리가 길면 수익률이 떨어질 것을 우려하여 이 요구를 외면했다.

부영버스의 노선이 경성에 집중되면서 노면 전차와의 경쟁이 본격화되었다. 거기다 버스 요금이 노면 전차 요금과 똑같이 인하되자 비싼 요금 때문에 버스를 타지 못했던 이용객까지 몰려들었다. 놀란 경성전기 측이 그제야 전차의 숫자를 늘리고 운행 속도를 높였지만 이미 늦고 말았다. 양측은 1929년 조선 박람회에서 격돌한다.

¶ 박람회와 노면 전차

1929년, 일본은 조선을 통치한 지 20주년이 되는 것을 기념하기 위해 대규모 박람회를 개최하기로 한다. 1920년대에 접어들면서 언론에서는 '대경성'이라는 표현을 자주 사용했는데, 이는 경성의 규모가 확장되고 발전하고 있다는 것을 의미했다.

조선총독부를 비롯해 식민 지배를 위한 각종 통치기구가 하나둘 자리를 잡아가고 벽돌과 콘크리트로 만든 건물이 속속 들어서고 노면 전차 노선이 늘어났다. 조선총독부는 이런 자신감을 바탕으로 약 100만 명의 조선인 관람객을 목표로 박람회를 계획했다. 일본은 그들의 힘이 얼마나 세고 견고한지를 보여주기 위해 총력을 기울였다.

일본은 지금까지 20년을 그래왔듯 앞으로도 영원히 그럴 것이라며 이를 알리기 위한 목적으로 1929년 9월 12일부터 10월 31일까지 경복궁과 북문인 신무문 부근에서 무려 10만 평의 면적에서 조선 박람회를 개최했다. 1915년의 조선물산공진회에 비해 규모도 커지고 기간도 월등히 길었다. 박람회장의 각종 시설을 설치한다는 명분으로 경복궁은 또다시 훼손되었다.

이 기간에 박람회장을 찾아올 관람객을 위한 교통수단을 마련하면서 경성의 노면 전차들은 큰 변화를 겪는다. 일단 핵심은 철도였다. 조선 각지는 물론 일본과 만주 등지에서 올 관람객들을 수송하기 위해 임시 철도 열차를 편성하고 단체 관람객에게 여객 운임을 할인해주었다. 또한 지방에서 올라오는 관람객들이 주로 도착하는

● 조선 박람회 포스터 ⓒ 서울역사박물관

경성역에서 박람회장이 있는 곳까지 노면 전차를 이용하도록 유도하고 박람회 입구로 이어지는 안국동선을 복선화해서 늘어나는 교통량을 감당할 준비를 했다. 또 관람객이 경성에 며칠 머물면서 주변을 관광할 것을 대비해서 관광 안내도를 만들기도 했다.

이 관광 안내도는 남산에 지어진 조선신궁을 돌아보고 예전 총독부였던 은사기념 과학관을 살펴본 후 동물원이 되어버린 창경원을 돌아보는 코스였다. 중간중간 노면 전차나 버스를 이용하도록 했고 경성 교외 지역의 관광명소를 둘러볼 수 있도록 교외 노선도 신설했다. 교외 노선은 주로 마포와 양화진, 청량리 일대였는데, 노면 전차 종점 근처를 돌아볼 수 있

（勤政殿）　場　式　會覽博鮮朝

● 조선 박람회 개폐회식장 근정전 ⓒ 서울역사박물관

朝鮮博覽會　野外劇場ト水族館

● 조선 박람회 야외극장과 수족관, 구경꾼이 잔뜩 몰려있는 오른쪽이 야외극장이다. ⓒ 서울역사박물관

도록 유도한 것이다. 일본의 의도가 얼마나 성공했는지는 모르겠지만 박람회 기간 노면 전차는 관람객의 운송 수단 역할을 충실하게 수행했다.

특히 경성전기는 부영버스의 등장 이후 이용객이 감소하던 추세였던 터라 박람회 기간 전차 이용객을 늘리기 위해 여러 가지 조치를 강구했다. 더 많은 이용객을 태울 수 있는 대형 전차를 도입했고 열차 도착 시간에 맞추어 노면 전차 운행 횟수를 늘리는 조치도 취했다. 아직 부영버스의 존재를 모르는 지방 관람객이 이용하면서 노면 전차는 그나마 체면치레했다. 한숨 돌린 경성전기 측은 출퇴근 시간에 몇 개 정거장을 건너뛰면서 도착 시간을 줄인 준급행 전차를 도입했다.

하지만 이런 여러 조치에도 불구하고 노면 전차는 부영버스와의 경쟁에서 차츰 밀려났다. 경성전기 측은 특단의 대책을 세웠다. 바로 부영버스의 인수를 추진한 것이다. 마침 경성부 역시 버스 구입과 같은 비용이 증가하고 노면 전차와의 경쟁으로 손해가 발생하는 상황이었다.

이런저런 반대에도 불구하고 1933년 경성전기는 마침내 부영버스를 인수한다. 경성전기는 노면 전차의 운행을 우선시하고 버스가 보조하는 방식을 취했다. 예를 들어 노면 전차와 버스가 같이 다니던 경성 중심가는 버스 노선을 없애고, 궤도를 놓기 어려운 교외 지역에 버스를 중점적으로 운행했다. 버스 노선이 없어진 것에 따른 불만을 누그러뜨리기 위해 전차와 버스를 번갈아 탈 경우 무료로 환승이 가능한 제도를 도입하기도 했다. 경쟁이 사라지고 경영이 안정되자 경성전기는 곳곳에 노면 전차 노선을 확대한다. 때마침 경성 역시 계속해서 인구가 늘고 확장되는 중이었다. 경성전기는 수익이 날 것 같은 지역은 노면 전차를 운행했고 그렇지 못할 것으로 예상되는 지역은 버스 노선을 신설하는 방식으로 운영했다.

한편 동대문에서 출발해서 뚝섬과 광나루로 향하는 전차 노선이 이즈음에 신설되었다. 경성전기와는 다른 경성궤도회사라는 곳에서 운영했는데 인구가 늘어나자 교외로 나가는 노면 전차를 별도로 운영한 것으로 보인다.

노면 전차의 노선과 운행 횟수가 늘어났지만 경성의 인구는 그보다 더 빨리 늘어났으므로 만원 전차는 사라지지 않았다. 노면 전차는 다시 느려졌고 미처 타지 못한 이용객이 매달려가다가 떨어지거나 전신주에 부딪히는 사고가 나기도 했다.

버스 역시 많은 승객을 태우고 가다가 전복되어 사망자가 발생했다. 원인은 역시 경성전기였다. 부영버스를 인수하고는 다시금 투자하지 않고 전차의 궤도를 늘리는 일에 소극적이 되었기 때문이다. 설상가상으로 중일전쟁 이후 미국의 금수조치로 인해 석유의 수입이 중단되고 말았다. 버스 운행은 줄어들었고 목탄 버스가 대신했다. 하지만 목탄 버스는 기름으로 가는 버스보다 힘이 약해 제 기능을 제대로 하지 못했다. 버스의 운행이 줄어들자 다시 노면 전차에 승객이 몰려들었다.

¶ 천변 풍경과 구보씨의 하루

시간이 흐르면서 노면 전차는 신기한 근대의 산물에서 삶의 애환이 묻어나는 운송 수단이 되었다. 1936년 구보 박태원이 『조광』이라는 잡지에 연재한 단편과 중편을 묶어서 《천변 풍경》이라는 책을 냈다. 이 책은 특정한 주인공 대신 일상에서 마주치는 수십 명의 이야기를 마치 창밖을 스쳐 지나가는 풍경처럼 그리고 있다.

그중에는 돈이 세상의 전부라고 생각하는 졸부부터 하루하루 먹고사는 데 지친 하층민, 돈을 더 벌어서 상류층이 되고 싶어 하는 중산층, 시골에서 올라와 모든 것이 낯설고 신기한 소년 등이 등장한다. 당대나 지금이나 문학적으로 많은 논쟁을 불러일으킨 작품으로 리얼리즘을 제대로 구현한 명작이라는 호평부터 세태 소설에 불과하다는 비평까지 받았다. 여기서 눈여겨볼 만한 지점은 경성의 풍경 묘사에 노면 전차가 등장한다는 것이다. 예를 들어 가평에서 올라온 소년이 청량리역에 내려서 노면 전차를 보고는 고향에는 없는 신기한 전차를 타보고 싶어 한다.

박태원이 1938년에 발표한 〈소설가 구보씨의 일일〉에서도 노면 전차가 나온다. 집을 떠나 하릴없이 경성을 헤매는 구보씨가 유일하게 타는 교통수단은 바로 전차다. 종로 거리를 걷다가 화신백화점을 지나 동대문에 도달한 그는 전차를 타고

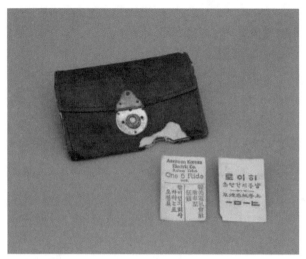

● 전차승차표 ⓒ 서울역사아카이브

조선은행으로 향한다. 일본인들이 '센긴마에 히로바(鮮銀前 廣場)'라고 부르는 조선은행 앞에서 내린 그는 숭례문을 거쳐 경성역으로 향하는 나머지 여정을 두 발로 걷는다. 구보씨는 노면 전차를 타다가 예전에 선을 봤던 여인을 마주친다. 애매한 인연이라 구보씨는 모른 척을 하고 딴 곳을 바라본다.

노면 전차를 타려면 전차표를 내야 했다. 지금은 교통카드가 모든 걸 대체하지만 예전에는 종이로 된 전차표를 내야만 탈 수 있었다. 전차표는 여러 종류가 있었는데 학생과 군인은 할인이 되었고 장거리 통학을 하는 학생들을 위한 회수권과 일정기간 사용할 수 있는 정기권 형태가 있었다. 노면 전차를 타면 차장이 표를 검사하고 펀치기로 구멍을 뚫어주었다. 전차표는 정거장 근처에 있는 매표소에서 현금을 내고 구입했다.

한편 노면 전차에서 지켜야 할 에티켓에 관한 이야기도 많았다. 낯선 교통수단이다 보니 어떻게 행동해야 할지 모르는 사람이 많았는데, 신문에서는 이런저런 꼴불견들을 소개하면서 자제할 것을 촉구했다. 대표적인 꼴불견 사례로 손잡이 두 개를 독점해서 다른 사람에게 불편을 주는 행위, 우산을 들고 서서 다른 이용객을 찌르는 행위, 통로에 서서 다른 이용객이 지나가는 것을 막는 행위, 등 뒤에 있는 창밖 풍경을 보기 위해 몸을 옆으로 돌려 두 자리를 차지하는 모습, 물건을 양옆에나 한쪽에 놓아 다른 사람을 못 앉게 만드는 행위, 다른 이용객들의 시선을 무시하고 지나친 애정행각을 벌이는 모습 등이 꼽혔다. 예나 지금이나 다를 바 없다는 생각에 웃음이 절로 난다.

¶ 광복과 전차

버스와 힘겨운 경쟁을 하던 노면 전차는 미국의 석유 금수 조치로 한숨을 돌린다. 석유로 움직이는 버스가 속속 운행을 중단하면서 다시 예전의 자리를 되찾은 것이다. 하지만 전성기는 오래가지 못했다. 전쟁이 길어지고 물자가 부족해지자 노면 전차 역시 타격을 받았다.

버스의 수요를 흡수하려면 전차의 수를 늘려야 했지만 자재 부족으로 제작이 불가능했다. 이를 보완하기 위해 급행 전차 제도를 도입했으나 이 또한 경성전기에 가로막혔다. 이용객의 편의보다는 회사 수익이 우선인지라 이용객의 볼멘 목소리는 또 외면되었다.

이런 상황에서 광복을 맞이하면서 노면 전차 또한 극적인 변화를 맞이한다. 하지만 상황은 달라지지 않았다. 미군정에 의해 일본인은 추방당했지만 귀국한 사람들과 북한에서 넘어온 사람들이 서울로 몰려오면서 단기간에 인구가 급증한 것이다. 여전히 사람들은 전차에 매달려 가야만 했다. 설상가상으로 수리용 부품을 확보하지 못하면서 운행할 수 있는 전차의 수는 계속 줄어들고 노면 전차를 타는 것이 하늘의 별 따기처럼 어려운 일이 되어버렸다. 무엇보다 수리용 부품을 구할 수가 없어 전차가 고장 나면 그대로 세워둘 수밖에 없었다. 그 와중에 전차 요금은 계속 오르면서 이용객에게 고통을 안겨주었다.

이런 혼란은 미제 노면 전차를 도입하면 다소 완화될 것으로 기대했다. 미제 전차는 일본제 노면 전차보다 훨씬 커 더 많은 승객을 태울 수 있고 수리용 부품을 구하기도 쉬워 교통난 해소에 도움이 될 것이란 이유에서였다.

하지만 1950년 6월 25일 새벽, 북한의 기습적인 남침으로 모든 것이 물거품이 되었다. 3일 만에 서울이 함락되면서 미제 전차들을 포함한 상당수의 노면 전차들이 파손되었고, 전력을 공급하는 전신주마저 상당 부분 파괴되었다. 모든 것이 시작점으로 돌아갔지만 다행히 미국의 원조로 빠르게 복구되었다. 미제 노면 전차가 들어오고 파괴된 전신주도 다시 세워졌다. 하지만 서울이 수복된 이후 피난민들이 돌아오고 실향민들이 자리를 잡으면서 노면 전차는 여전히 만원이었다.

그 와중에 버스의 수는 속속 늘었다. 노면 전차를 운행하려면 궤도를 깔고 전신주를 세워야 했지만 버스는 그런 과정이 필요 없어서다. 버스 수는 급증했고 여러 명이 함께 타는 합승 택시까지 등장했다. 이제 노면 전차는 버스에 비해 느리고 가지 못하는 곳이 많은 계륵 같은 존재가 되었다. 서울은 경성 시절보다 훨씬 확장되었는데 노면 전차는 노선을 연장하지 못했다. 그 자리를 버스와 합승 택시가 대신 채웠다. 물론 버스나 합승 택시 요금은 노면 전차 요금보다 비쌌지만 속도도 느리고 도심지만 운행하는 노면 전차보다는 훨씬 편리했다.

¶ 역사 속으로

점차 애물단지가 되면서 노면 전차는 막대한 적자의 원인이 되었다. 노후화되면서 고장이 잦고 수리비가 많이 들었으며 궤도 역시 파손이 잦았다. 적자가 눈덩이처럼 불어나자 드디

● 전차궤도 철거 현장(위. 갈월동, 아래. 광화문우체국 앞) ⓒ 서울역사아카이브

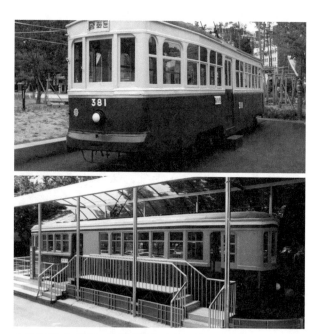

● 현재 남은 두 대의 노면 전차 381호(위)와 363호(아래) ⓒ 문화재청 국가문화
유산포털

어 노면 전차 폐지론이 나오기 시작했다. 한때는 황금알을 낳는 거위라 여겨 서로 유치하려던 노면 전차 사업권은 누구도 거들떠보지 않는 천덕꾸러기가 되었다. 버스와 합승 택시가 점령한 도로에서 시끄러운 소리를 내면서 느릿느릿 다니는 노면 전차는 교통 체증을 유발하는 주범으로 낙인찍히고 만다.

결국 1966년 세종로 지하도 건설을 위해 광화문선이 철거되는 것을 시작으로 노면 전차는 하나둘 사라지기 시작했고, 1968년 모든 노면 전차가 운행을 중단했다. 궤도가 있던 곳은 콘크리트가 채워져 평탄한 도로가 되었다.

사라진 노면 전차들은 신속하게 해체되었다. 우연의 일치인지는 모르지만 1899년 운행을 시작한 지 딱 70년 만에 사라졌다. 현재 노면 전차는 단 두 대뿐으로 서울 역사박물관 앞의 381호와 국립 서울과학관의 363호이다. 말도 없이 세상을 달리던 마차는 이제 고요히 잠들어 전시되어있다.

무성 영화

변사라는 날개를 달고
날아오르다

처음 영화를 본 사람들은 스크린 뒤에 사람이 있는 것으로 생각해 어리둥절했다. 하지만 곧 영화는 빼놓을 수 없는 오락거리가 된다. 수많은 사람이 영화관을 찾아오면 변사는 화면 속 배우의 연기를 감칠맛 나게 해설해주기 시작했다. 움직이는 화면의 등장은 여가생활에 큰 변화를 가져왔다.

영화 〈아리랑〉 출연진 기념 촬영, 왼쪽에서 4번째가 나운규, 오른쪽에서 3번째가 남궁운이
다. ⓒ 한국영상자료원

¶ 달려오는 기차

영화를 만든 뤼미에르Lumire 형제가 처음 선보인 영상은 질주하는 증기 기관차였다. 1895년 〈라 시오타 역에서의 열차의 도착L'Arrive d'un train en gare de La Ciotat〉이라는 제목의 50초 정도 되는 영상이 파리의 한 카페에서 처음 공개되었을 때 관객들은 질주하는 증기 기관차가 자신에게 달려오는 줄 알고 황급히 몸을 피하거나 비명을 질렀다고 한다.

사진기가 발명되고 사진이 피사체를 그대로 찍어낸다는 사실은 알려졌지만 필름을 이용해서 움직이는 사진, 즉 영상을 만드는 것은 당시에는 너무나 낯선 일이었다. 그래서 뤼미에르 형제가 찍은 영상을 처음 본 일본인들이 붙인 명칭이 '활

Auguste Lumière, Louis Lumière

L'ARRIVÉE D'UN
TRAIN À LA CIOTAT

1896

● 최초의 영화인 뤼미에르의 〈열차의 도착〉

동사진Motion picture'이었다. 이 명칭이 그대로 들어오면서 우리 역시 '활동사진'이라는 명칭을 한동안 사용했다. '움직이는 사진'이라는 뜻이 담긴 이 명칭 속에는 처음 영상을 본 일본인들의 생각이 고스란히 담겨 있다.

사람들은 사람과 증기 기관차가 실제처럼 움직이고 구름이 흘러가고 햇살을 비추는 영상에 굉장한 흥미를 느꼈다. 자신을 향해 달려오는 열차를 보고 처음에는 겁을 집어먹었지만 그것이 사실이 아니라는 것을 알게 되면서 매력을 느낀 것이다.

연속 촬영기법과 활동사진은 새로운 시대의 상징이자 서구 기술의 결정체로 인식되었다. 이는 바다를 건너 비교적 빠른 시기에 아시아로 건너왔고 외국의 문물을 걸어 잠그고 있던 이 없던 조선의 문까지 두드렸다.

당시 영상에는 소리가 들어가지 않았다. 그래서 '무성 영화 Silent film'라고 불렀다. 그때에는 소리가 들어가지 않는다고 안내할 필요가 없었다. 오히려 되물을 것이다. 영상에 어떻게 소리가 들어갈 수 있느냐고 말이다.

20세기 초반 전성기를 맞이한 무성 영화는 오늘날의 영화와는 비슷하면서도 상당히 다르다. 무성 영화의 명작으로 일컬어지는 〈전함 포템킨〉을 유튜브로 본 적이 있다. 아무 소리도 들리지 않는 화면이 계속 이어져 영화를 이해하기가 몹시 힘들었다. 중간중간 칠판 같은 곳에 대사와 지문을 넣어서 보여주는 장면 때문에 흐름도 뚝뚝 끊겼다. 잔뜩 기대했지만 나는 결국 끝까지 보지 못했다.

● 1920년대 무성 영화 〈전함 포템킨〉

영상에는 소리가 들어가야 실감 나고 재미있다는 당시 영화를 보는 사람도 알았나 보다. 그래서 오르간이나 피아노를 가져다 놓고 영화가 상영되는 중간중간 연주해주었는데, 조선에서는 '변사'라고 부르는 일종의 해설사를 통해 소리에 대한 갈증을 풀었다.

¶ 열차와 영화

사진을 찍으면 영혼이 나간다는 소문이 돌면서 한동안 사진 찍기를 기피했던 조선에서도 활동사진은 큰 인기를 끌었다. 그렇다면 조선 사람들은 언제부터 무성 영화를 접하게 되었을까?

1895년 파리에서 뤼미에르 형제의 첫 무성 영화가 공개된 이후 세계는 빠르게 이를 받아들였고 2년만인 1897년에 처음으로 일본에 활동사진이 공개되었다. 조선도 그 뒤를 따랐다.

1903년 황성신문에 흥미로운 광고 하나가 실린다. 동대문에 있는 한성전기회사 기계창에서 국내외 풍경을 담은 활동사진을 상영한다는 내용이었다. 상영일은 공휴일인 일요일과 비 오는 날을 제외한 매일 오후 8시부터 10시까지이고 요금은 10전이었다. 왜 극장이 아니라 기계창이었을까?

'극장'이라는 명칭이 생소한 시대였지만 무대가 있고 의자나 바닥에 앉아 연극이나 음악회를 감상하는 건 그때에도 낯선 일이 아니었다. 그런데도 기계창에서 영화를 틀게 된 이유는 노면 전차와 밀접한 관련이 있다.

대한제국을 선포한 고종은 각종 개혁 정책을 시행했다. 그중 하나가 한성에 노면 전차를 설치하는 것이었다. 이를 위해 미국인 콜브란과 함께 한성전기회사를 세워 한성의 노면 전차와 전기 사업을 운영한다. 노면 전차를 운행하려면 전기 발전 설비가 필수적이어서 동대문에 발전 설비와 함께 노면 전차의 수리를 위한 기계창을 만들었다. 전기 관련 시설은 당시 조선에서는 굉장히 낯선 장비였기 때문에 외국인과 일본인 기술자들이 주로 도맡았다. 지금도 낯선 외국에서 생활하는 것은 쉽지 않은 일인 것처럼 외국인 기술자들이 향수병에 시달리자 콜브란은 그들을 달래주기 위해 활동사진을 보여준다. 그것이 의외로 인기를 끌고 입소문을 타자 일반인에게도 공개한 것이다.

광고가 나가자 사람들이 구름처럼 몰려들었다. 1,000여 명 정도 몰려들었다고 하니 당시 한성의 인구가 30만 명 정도였다는 점을 감안하면 엄청난 수이다. 이때 상영된 활동사진은 증기 기관차가 달리는 장면이나 바다와 산을 찍은 풍경이 대부분이었지만 사진이라는 것조차 익숙하지 않던 사람들에겐 몹시 신기하고 생소한 경험이었다. 뤼미에르 형제가 파리에서 처음 영상을 공개했을 때처럼 달려오는 기차를 보고 도망치는 사람은 없었지만 대신 영상이 꺼지고 나면 사람들이 천으로 된 스크린 뒤로 몰려갔다. 그러고는 아무도 없다는 사실을 알고는 몹시 신기해했다는 기록이 있다. 이때까지는 무성영화라기보다는 움직이는 사진이라는 뜻의 활동사진이 좀 더 어울린 듯하다.

황성신문의 광고와 상영을 통해 많은 사람이 활동사진에 대해 알게 되었지만 실제로 활동사진이 알려진 시기에 대해서는 연구자마다 의견이 갈린다. 그중 콜브란이 일반인에게 공개하기 몇 년 전부터라는 주장이 있다. 콜브란이 동대문 기계창에서 활동사진을 보여주었을 무렵 영미 연초회사라는 담배 회사가 판촉 활동을 위해 활동사진을 틀어주었다는 것이다. 당시 조선인은 서양식 담배보다는 장죽이나 곰방대를 애용했다. 이런 상황을 타개하고자 자사의 담뱃갑을 가져오면 무료로 활동사진을 보여주었고, 영미 연초회사의 작전은 굉장한 성공을 거두어 사람들은 활동사진을 보기 위해 영미 연초회사의 담배를 사들였다고 한다.

이렇게 지구 반대편의 풍경과 사람들을 볼 수 있는 활동사진은 근대의 새로운 산물로서 조선에 뿌리를 내린다. 하지만 활동사진이 무성 영화로 가기 위해서는 아직 갈 길이 멀었다.

¶ 극장의 탄생

연극이나 오페라, 뮤지컬은 별도의 장소에서 공연하고 명칭도 뮤지컬 극장이나 오페라 하우스처럼 다르지만, 오늘날 '극장'은 영화를 상영한다.

초창기 극장들은 활동사진을 틀어주는 곳이 아니라 연극 무대에 가까웠다. 그곳에서 판소리 공연을 했고, 책을 읽어주는 전기수도 있었다.* 가부키라는 연극이 있던 일본은 비교적 쉽게 앞에는 무대가 있고 관객석은 뒤에 있는 서구식 극장에 적응했다.

---

*   전기수는 중요한 순간에 입을 다물어서 성미 급한 사람들의 주머니를 열게 만들었는데, 요전법이라고 부르는 이 방식은 입장료를 받지 못하는 전기수의 중요한 생계 수단이었다.

일본인이 조선에 세운 최초의 극장은 1882년 인천에서 문을 연 '인부좌'로 알려져 있다. 인부좌는 인천으로 들어온 일본인을 대상으로 했기 때문에 최초라는 타이틀을 제외하고는 의미가 없다.

개항장에 자리 잡았던 극장이 한성에 들어온 것은 시간이 조금 걸렸다. 청일 전쟁과 러일 전쟁을 거치면서 조선에 대한 지배력을 높인 일본이 한성으로 밀고 들어와 처음 자리를 잡은 곳은 조선인들이 비교적 많지 않고 빈터가 많던 남산 기슭이다. 임진왜란 때 한성을 점령한 일본군이 머물던 곳이라 해서 '왜성대'라고 불렀다. 그곳에 공사관이 지어지고 일본인 거주지가 생겨나면서 물건을 파는 상점과 성매매를 하는 유곽이 들어섰고, 서구식 공원이라고 할 수 있는 왜성대 공원과 신사가 건립되었다. 한성에 자리 잡은 일본인이 차츰 늘어나자 그들을 대상으로 활동사진을 보여주고 가부키 공연을 하는 가부키좌를 비롯하여 수좌, 경성좌 같은 극장들이 생겨났다.

그 영향을 받아 조선인도 극장을 세우기 시작했다. 일본인이 세운 극장이 남산이나 용산 같이 그들이 주로 거주하는 지역에 세워졌다면 조선인이 세운 극장은 종로 같은 번화가였다. 특히 종로의 중심지인 파고다 공원 주변에 밀집했는데, 1907년 단성사를 시작으로 장안사와 연흥사 모두 파고다 공원 근처에 세워졌다. 1912년에 세워진 우미관 역시 마찬가지였다. 노면 전차와 인력거라는 교통수단이 등장하면서 사람들

● 일본인이 세운 극장 명치좌 ⓒ 서울역사박물관

● 조선인이 세운 극장 단성사 ⓒ 서울역사박물관

은 예전보다 더 짧은 시간에 멀리 갈 수 있었고 남은 시간에 여가생활을 즐겼다. 그중 하나가 신기한 활동사진을 보는 것이었다. 시대적 변화와 맞물리면서 활동사진을 틀어주는 극장들은 우후죽순 늘어만 갔다.

그렇지만 당시 극장들은 온전히 활동사진만 보여주지는 못했다. 대부분 활동사진의 상영 시간이 짧았기 때문이다. 비싸게 입장료를 받았는데 짧은 활동사진만 보여주면 반발이 일어날 게 불 보듯 뻔했다. 그래서 당시 극장은 판소리나 탈춤, 창극 같은 공연을 보여주면서 중간중간 활동사진을 보여주었다. 전체 상영 시간을 따져보면 활동사진을 보는 시간이 가장 짧았다. 관객 중에는 활동사진을 보러왔는데 언제 틀어주느냐며 불평을 쏟아내기도 했지만 움직이는 영상을 본다는 것 자체가 신기한 일이라 극장은 인기가 높았다.

활동사진과 다른 공연을 함께 보여주는 풍경은 1910년 경성 고등연예관이 등장하면서 마침표를 찍었다. 오늘날의 을지로인 황금정 2정목, 동양척식주식회사 근처에 세워진 이곳은 다른 공연과 활동사진을 함께 보여주던 극장들과는 달리 오로지 활동사진만을 보여주기 위해 세워졌다. 기존 극장들이 활동사진을 보여준다고 바람을 잡고는 다른 공연으로 시간을 보내는 것에 불만이 쌓이자 활동사진을 여러 편 틀어주고 대신 요금을 비싸게 받는 방식을 택한 것이다. 이런 발상의 전환은 대성공을 거두었다. 관객들은 돈을 더 내더라도 활동사진을 보는 걸 택했다.

경성 고등연예관의 성공을 지켜본 다른 극장들도 공연을 빼고 활동사진을 더 보여주는 방식을 따라 했다. 그렇다고 해서 공연 자체가 사라진 것은 아니었다. 활동사진을 보여주지 않을 때는 기생 가무를 비롯해 서커스까지 다양한 공연이 펼쳐졌다. 활동사진만으로 모든 시간을 채우기에는 아직 역부족이었다.

한편 외국에서는 서서히 활동사진이 무성 영화로 넘어가는 중이었다. 하지만 조선에서 무성 영화를 본격적으로 만나려면 약간의 시간이 더 지나야 한다. 그사이에 등장한 것이 연극과 영화를 결합한 연쇄극이다.

¶ 연극과 영화의 만남

연쇄극은 대충 이런 형태다. 무대에서 배우가 연기를 펼치다가 갑자기 한 명이 무대 밖으로 도망친다. 그러면 남은 한 명의 배우가 당황한 척 연기를 하며 뒤쫓는다. 두 배우가 모두 무대에서 사라지면 호루라기 소리와 함께 무대에 스크린이 내려온다. 그리고 잠시 후 영사기가 켜지면 영상이 나오고 무대에서 사라진 두 배우가 차를 타고 쫓고 쫓기는 추격전을 벌인다. 긴박한 추격전 끝에 마침내 추격하던 배우가 따라잡게 되면 두 사람은 차에서 내려 주먹다짐을 벌인다. 그러면 다시 호루라기 소리와 함께 영사기가 꺼지고 스크린이 올라 간다. 다시 무대에 오른 두 배우가 몸싸움을 벌이는 장면으로 이어진다. 상대적으로 상영 시간이 짧을 수밖에 없는 활동사 진과 촬영과 상영이라는 장벽이 없는 연극을 결합하는 방식 이었다.

우리나라 최초의 연쇄극 은 1919년 단성사에서 공 개된 〈의리적 구투〉다. 김도 산이 대표로 있던 극단 신 극좌에서 만든 이 연쇄극은 몇 년 전 일본에서 큰 인기 를 끌던 것을 가져온 것이

● 〈의리적 구투〉 개봉 광고 ⓒ 매일신보 1919.10.28

다. 김도산은 〈의리적 구투〉의 개봉에 앞서 한강철교와 장충 단을 비롯한 경성의 명소들을 촬영했다고 신문 광고에서 밝혔 다. 단성사에서 개봉한 〈의리적 구투〉는 엄청난 인기를 끌었 다. 아무런 스토리가 없는 활동사진보다 흥미진진했고, 조선 사람이 만들었다고 하니 호기심과 의무감에 사람들이 단성사 로 몰려든 것이다. 매일신보에는 기생 수백 명이 와서 관람하 고 갔다고 전했다.

〈의리적 구투〉가 우리나라 사람이 만든 최초의 영화인지에 대한 논란은 있다. 영화인지 아닌지 모를 연쇄극이 영화의 성

격과 연극의 형태를 공존하고 있어서다. 전문가들의 논란과는 상관없이 〈의리적 구투〉는 조선 사람들에게 큰 인기를 끌었고 연극인에게도 희망을 안겨주있다. 당시 연극계는 불황에 시달렸는데 이런 연쇄극 형태를 무대에 올림으로써 위기를 넘길 수 있었다. 극장에서도 활동사진만 보여주던 것보다 입장료를 비싸게 매길 수 있어 서로에게 도움이 되었다.

김도산은 〈의리적 구투〉와 함께 여러 편의 연쇄극을 촬영하여 연쇄극 전성시대를 열었다. 하지만 연쇄극 전성시대는 그리 오래가지 못했다. 어찌 되었건 연극의 보조 장치로서 영상이 사용된 것이기 때문이다. 영상에 대한 대중의 호기심과 갈증은 뒤이어 나타난 무성 영화로 옮겨간다. 하지만 연쇄극이 당시 영화의 탄생에 있어 중요한 역할을 한 점은 부인할 수 없다. 조선 사람이 직접 영화를 제작하고 촬영했다는 점, 조선 사람이 연기하고 감독과 제작자 역시 조선 사람이었다는 점도 우리 영화사에 있어 중요한 의미를 지닌다.

비록 조잡하고 부족하긴 했지만 영화라는 새로운 근대 문물에 조선은 조금씩 빠져들고 있었다. 그 사이 외국에서는 본격적인 무성 영화의 시대가 열렸다. 당시의 무성 영화들은 지금처럼 자막을 깔거나 더빙을 할 수 없는 기술이 없었기 때문에 변사들의 입을 통해 관객에게 전달되었다. 바야흐로 변사들의 전성시대가 시작된다.

¶ 변사들의 전성시대

1910년, 경성고등연예관이 문을 열면서 변사라는 새로운 직업이 탄생했다. 처음에는 활동사진에 나오는 장소를 간단하게 소개하는 정도였다. 하지만 활동사진의 상영 시간이 길어지자 변사의 역할도 커졌다.

변사라는 직업은 일본 가부키에서 무대가 펼쳐지기에 앞서 내용을 설명해주는 역할을 하는 다케모토(たけもと)라는 해설사에게서 유래되었다. 무대 구석에 발을 치고 앉아 내용을 해설하다가 중요하거나 긴박한 장면에 접어들면 발을 걷고 무대 앞으로 나와 말을 하기도 했다. 영화가 상영될 때 극장에서 고용한 해설자가 있는 것은 일본 사람에게는 익숙한 풍경이었다. 새로운 문물에 목말라 있던 조선 사람들 역시 금세 적응했다.

1910년대 중반쯤이 되면서 변사라는 직업은 더 이상 낯선 직업이 아니게 되었다. 특히 일본 유학파 출신인 서상호를 필두로 한 스타 변사들이 등장했다. 일본어 통역을 하던 서상호는 매끄러운 말솜씨를 인정받아 일찌감치 변사로 자리 잡았다.

당시 변사와 함께 관객들을 모으는 데 필수적인 역할을 한 것이 악단이다. 악단은 낮에는 거리를 누비면서 팸플릿을 뿌렸고 저녁에 영화가 상영되면 무대 아래 자리 잡아 소리가 없는 무성 영화의 빈틈을 변사와 함께 메꾸었다.

변사는 영화의 흥행을 책임지는 또 다른 역할도 해야 했다. 지금이야 상영 시간이 정해져 있지만 당시에는 몇 시쯤에 시작하는지만 정해져 있고, 관객들이 들어차는 걸 보고 변사가 영사 기사에게 신호해야 영화가 시작되었다. 그 와중에 지루해진 관객들은 얼른 영화를 틀라고 성화를 부리는데 그걸 어느 순간까지 버티느냐가 관건이었다. 변사는 영화가 시작하기 전 악대가 음악을 연주하는 가운데 등장해 영화에 대한 전반적인 이야기를 하다가 영화가 시작되면 무대 구석에 있는 테이블에 앉아 작은 전등으로 대본을 보면서 맛깔나게 영화를 끌어나갔다.

영사기 필름이 다 돌아가면 영사기사가 필름을 교체할 때까지 변사가 다시 나섰다. 영화의 흐름이 끊기면 관객들의 야유가 쏟아지기 때문이다. 적당한 재치로 시간을 때운 다음 영화가 이어지면 변사는 다시 자리로 돌아가서 영화에 대해 해설하기 시작한다. 한마디로 변사란 영화관에서 일어나는 온갖 변수를 감당하는 자리였다.

관객들은 조금만 지루하거나 재미가 없으면 야유하고 조롱했다. 한번은 견습 변사가 슬픈 장면이 나오자 감정을 잡기 위해 손수건을 꺼내 우는 시늉을 했는데 관객들이 울려면 집에 가서 울라고 하는 바람에 실제로 견습 변사가 울고 말았다. 이렇듯 변사들은 야유를 퍼부을 준비가 되어있는 관객의 비위를 맞추기 위해 최선을 다해야 했다. 가장 잘 쓰던 방식은 배역마다 목소리를 다르게 내는 것이었다. 굵직한 목소리로 무게를 잡다가 익살스러운 목소리로 사람들을 웃겼다. 여기에서 변사 스타일이 많이 갈렸다고 한다.

서상호의 경우 일본 유학파답게 일본 가부키 스타일의 해설했고, 김조성이라는 변사는 심각한 경상도 사투리를 감추기 위해 딱딱한 억양으로 해설을 했으며, 김덕경이라는 변사는 일상적인 대화를 나누듯 편안한 스타일을 추구했다. 그뿐만이 아니다. 대포가 발사되거나 격렬한 싸움 장면이 나오면 변사는 발을 구르고 주먹으로 테이블을 내리치면서 분위기를 고조시켰다. 음악이 필요할 경우에는 악사와 연결된 줄을 잡아당겼다. 한번 당기면 애정 장면에 필요한 느리고 서정적인 음악을, 두 번 당기면 클라이맥스나 전투 장면에 어울리는 빠르고 격렬한 곡이 연주되었다. 한마디로 영화 전체의 흐름이 변사의 손에 달려있었다. 변사의 역할이 중요했던 만큼 극장들은 일류 변사들을 고용하기 위해 애를 썼다. 당시 영화 광고 팸플릿에는 변사의 이름과 얼굴이 큼지막하게 그려져 있었다.

극장들이 속속 들어서면서 변사의 몸값은 더욱 올라갔다. 경성 곳곳에 무성 영화를 상영하는 극장들이 생겨나면서 남촌의 일본인과 북촌의 조선인이 찾아가는 극장이 나눠지기 시작했다. 외국 무성 영화가 들어오면서부터였다. 조선인과 일본인은 선호하는 장르가 다른데다가 비싼 돈을 내고 갔는데 불편함을 느낄 이유가 없었다. 가장 결정적인 차이는 언어였다. 외국 영화들을 해설해주는데 조선인 변사가 하는 일본어는 아무리 잘해도 일본인 귀에 어색하게 들렸기 때문이다. 활동사진은 분량이 길지 않기 때문에 그 어색함이 크게 문제가 되지 않았지만 한 시간이 넘어가는 무성 영화는 문제가 달랐다. 상영 시간이 길어지니 일본어에 능통한 서상호조차 부담을 느낄 정도였다. 결국 우미관과 제2대 정관이 각각 조선인과 일본인 관객을 맡기로 협약을 맺었다. 일본인 관객을 맡기로 한 제2대정관은 조선인 변사들을 모두 해고했고 이들은 자연스럽게 우미관에 소속되었다.

조선 사람과 일본 사람이 드나드는 극장으로 나뉘긴 했지만 이는 겉모습일 뿐 속사정은 조금 달랐다. 조선 사람을 대상으로 하는 우미관의 실질적인 주인이 일본인이었던 것이다. 1922년에 문을 연 경성극장 역시 조선인과 일본인의 합작이었고, 경영권 분쟁 이후에는 일본인에게 운영권이 넘어갔다. 물론 이런 경우 일본인 소유주는 극장 위치와 단골손님들이 조선 사람이라는 점을 고려해서 조선인 지배인을 내세워 운영했다. 우미관과 쌍벽을 이루던 단성사 역시 일본인이 소유주였다. 이처럼 자본은 국경이나 민족을 가리지 않는다. 다만 모습을 감출 뿐이다.

1918년에 공연과 무성 영화 상영을 같이하던 단성사가 무성 영화만을 상영하는 극장으로 체제를 전환했다. 1922년에는 경성극장이 문을 열면서 본격적인 무성 영화 전성시대가 열렸다. 일본인 관객들은 주로 일본 영화를 즐겼고, 조선인 관객들은 미국에서 수입한 영화를 즐겼다. 조선인 변사들은 조선인을 상대로 영업하여 민족적인 색깔은 더욱 짙어졌지만 앞서 이야기한 대로 조선인이 드나들었던 극장 대부분은 일본인 소유였다. 식민지 상황이 영화 시장에도 영향을 미친 셈이다.

복잡한 극장의 사정을 아는지 모르는지 변사들의 인기는 하늘을 찔렀다. 당시 조선에 수입되어 상영하던 무성 영화들은 몇 년간 도쿄와 일본 지방 곳곳에서 상영되었던 것들이다. 당연히 조선으로 넘어올 무렵에는 사람 얼굴인지 아닌지를 알아볼 수 없을 정도로 영상의 상태가 나빠서 변사의 설명이 꼭 필요했다. 우미관 소속의 변사 서상호에게는 그가 해설하는 것을 보기 위해 극장에 오는 관객도 있었다. 서상호는 무성 영화의 흐름을 잘 타면서 본인의 색깔을 녹여낸 해설로 독보적인 인기를 끌었다. 심지어 영화 내용과는 상관없는 입담을 과시해서 관객들을 웃겼고, 미국 영화에 나오는 존과 메리의 이름조차 김 서방이나 박 서방이라고 했다가 막판에는 메리가 뺑덕어멈으로 마무리되기도 했다. 이런 식의 입담은 외국 무성 영화에 익숙하지 않고 웃음이 고팠던 조선인에게 크게 어필했다. 그렇게 변사의 전성시대가 열렸다. 누가 더 좋은 변사인지 입씨름하다가 주먹다짐으로 변한 사례도 있고, 변사들의 해설 스타일을 분류하는 기사가 실리기도 했다.

변사는 배역마다 목소리를 다르게 해서 적극적으로 해설하는 성색파와 전반적인 설명에 무게를 두는 설명파로 나뉘었다. 성색파의 대표주자가 바로 서상호다. 그는 테이블을 주먹으로 쾅쾅 내리치거나 비명을 질러가면서 해설을 하는 것으로 유명했다. 성색파의 인기가 더 높았지만 온전히 영화를 감상하고 싶었던 지식인이나 학생들은 설명파를 선호했다. 장르별로도 변사의 선호도가 달랐다. 서상호의 경우 문예극에 강점을 보였고, 활극은 이병조, 희극은 최병룡, 사극은 김덕경을 최고로 꼽았다. 그러다 보니 영화보다는 변사에 따라 영화를 보러오는 관객이 늘어났다. 오늘날 뮤지컬이나 오페라에서 주연이 누구인지에 따라 티켓 판매량이 달라지는 것과 유사한 일이 벌어진 것이다.

하지만 무성 영화가 많이 수입되면서 변사들이 영화 관람에 방해가 된다는 주장이 서서히 고개를 들었다. 특히 1920년대 할리우드 상업 영화들은 촬영기법이나 구성에서 큰 변화를 가져왔지만 이를 감지하지 못한 변사들은 늘 하던 대로 익살스럽게 해설해 영화 분위기를 제대로 전달하지 못했다. 예를 들어 사랑하는 남자가 오는 걸 본 여인이 화장실로 가서 급하게 화장하는 장면을 웃기는 장면으로 묘사해버리는 것이었다.

존이나 메리를 김 서방, 박 서방으로 부르다가 뺑덕어멈이 되는 것도 처음에나 웃기지 반복되면 식상하다. 물론 활동사진이 상영되던 시절에는 레퍼토리가 없었기 때문에 이런 식의 해설이 필수적이었다. 하지만 무성 영화로 넘어간 이후에는 관객들이 차츰 등을 돌리고 말았다.

관객들, 특히 외국어에 익숙한 유학파들은 멋대로 영화에 끼어들어 내용을 훼손하는 짓을 그만두라고 비판했다. 영화에 대한 설명을 제대로 듣지 못해 답답해하다가 분노한 관객이 숯불을 변사에게 던진 적도 있었다. 거기다 10여 년 동안 변사의 해설에 별다른 변화가 없다는 점도 불만을 키웠다. 지금보다 정보 교류가 느리긴 했지만 10년이면 변화를 준비할 시간은 충분했다. 그런데도 변사들은 외국어를 익히거나 지식을 쌓는 대신 말장난만 늘어놓았다.

이밖에 비판의 주된 내용은 영화 상영 중에 해설을 넘어서 과도한 개입으로 몰입을 방해한다는 것과 사람들의 주목을 받는 변사라면 행동거지 역시 타의 모범을 보여야 한다는 것이다. 이 부분은 당대 최고의 인기를 구가하던 서상호를 겨냥한 것이다. 그는 자신이 직접 무대에 서서 자동차 클랙슨에 해당되는 고무 나팔, 일명 뿡뿡이를 가지고 춤을 췄는데 대개는 외설스러웠다. 덕분에 큰 인기를 끌긴 했지만 눈살을 찌푸리는 사람도 점차 늘었다.

비난에 직면하자 변사들 역시 변화를 모색했다. 서상호와 같은 시대에 활동했던 변사 김덕경은 1924년 매일신보에 변사들의 애환과 고충, 그리고 어떤 방식으로 해설해야 하는지에 대한 고민을 털어놨다. 김덕경에 의하면 당대 변사들은 수사파와 기교파, 내면 묘사파로 분류되었다. 수사파는 다양한 형용사를 이용해 영화를 해설하는 변사들을 뜻한다. 기교파는 주로 관객의 감정에 호소하는 방법을 썼다. 소리를 지르거나 관객의 박수를 유도하는 식으로 영화에 적극적으로 개입하는 것이다. 내면 묘사파는 수사파와 기교파와는 달리 자막에 나오지 않는 주인공의 내면을 설명하는 변사들을 지칭했다. 김덕경은 내면 묘사파가 가장 화려하지 않다고 덧붙였다. 하지만 김덕경의 이런 설명에도 일부 지식인들은 변사는 그냥 영화의 타이틀과 자막을 읽어주는 정도의 역할만 해야 한다고 반박했다.

변사들 역시 할 말은 있었다. 당시 무성 영화는 영상이 먼저 나오고 자막이 그다음에 나왔다. 자막에 적힌 대로 해설하면 영상과 자막이 번갈아 나오는 사이에 소리가 빌 수밖에 없다. 영화를 느긋하게 감상하는 사람에게는 그런 여백의 시간이 나쁘지 않겠지만 모처럼 여흥을 즐기러 극장에 온 관객에게는 따분할 것이다. 때문에 변사들은 짧은 대사를 길게 늘여 말했고, 그러다 보니 영화에 개입하게 된 것이다. 어찌 보면 그 시절 변사는 숱한 비판과 비난에도 영화에 날개를 달아주는 존재였을지도 모른다.

¶ 모던걸과 모던보이의 놀이터

사실 변사들에 대한 불만에는 영화관에 대한 불만도 포함되어있다. 활동사진을 보고 스크린 뒤로 가서 살펴보던 시절을 지나 1920년대에는 학생과 직장인들은 흔한 오락거리로 극장에서 영화를 보게 되었다. 하지만 극장 시설에는 변화가 없었다. 좌석이 불편한 것은 둘째 치고 등받이가 없어 허리가 아팠다. 게다가 필름 상태가 좋지 못해 화면이 잘 보이지도 않았다. 부인석 자리가 부족하다면서 그 당시 여성에게 남자들 틈에 앉으라고 강요하기도 했고, 겨울에는 난방이 제대로 되지 않아 추위에 오들오들 떨기도 했다. 화장실에서 나는 냄새가 객석까지 풍겨오는 것은 예사였다. 한 마디로 돈은 돈대로 받고 영화 관람은 제대로 할 수 없는 환경이었다.

그런 상태이니 변사의 해설이 귀에 들어올 리 없었다. 하지만 이런 와중에도 모던걸과 모던보이라고 불리는 당대 신세대들은 영화관을 제집 드나들 듯 드나들었고, 한때 새로운 서양의 문물로 호기심의 대상이 되었던 극장은 일탈과 조롱의 대상으로 변질했다. 당시 잡지인 『별건곤(別乾坤)』을 보면 극장에 나타난 모던걸과 모던보이를 몰래 따라가거나 그들의 옷차림을 보고 비웃는 기사들이 종종 실렸다. 그 밖에 불량 학생들이 부인석을 올려다보고 휘파람을 불거나 '히야까시'라고 부르는 희롱을 하는 것도 문제가 되었다. 그래서 일

● 『별건곤』(1926~1934) ⓒ 서울역사박물관 　● 『별건곤』에 나온 경성 모던보이&모던걸
　　　　　　　　　　　　　　　　　　　　ⓒ 서울역사박물관

부 학교에서는 선생을 극장으로 보내 학생들이 드나드는 것
을 막기도 했다. 이런 와중에 조선의 무성 영화계에 큰 변화
가 생겼다. 바로 나운규가 등장한 것이다.

¶ 무성 영화와 나운규

1923년에 접어들면서 조선 사람이 직접 제작한 무성 영화
들이 나오기 시작했다. 앞서 설명한 대로 무성 영화에는 소리
를 넣을 수 없어 오직 배우의 연기와 중간중간 칠판에 적은
설명만으로 극을 전달해야 했지만 이것만으로도 활동사진이

나 연쇄극보다는 훨씬 흥미로웠다.

연쇄극이 영화인지 아닌지에 관한 논란이 벌어진 것처럼 최초의 무성 영화가 어떤 것인지도 논쟁거리다. 1923년 같은 해 나온 〈국경〉과 〈월하의 맹서〉가 각각 최초라는 타이틀을 가지고 경쟁했다. 완성되기는 〈월하의 맹서〉가 먼저였지만 이는 총독부 체신국이 저축 장려 독려를 위해 만든 일종의 선전 영화였다. 따라서 많은 전문가가 〈국경〉에 손을 들어주고 있다.

같은 해, 일본인 감독이 만든 〈춘향전〉이 상영되면서 큰 인기를 끌었다. 8일 만에 무려 1만여 명이라는 관객을 동원했다. 그 모습을 본 나운규는 막대한 비용이 드는 것을 감수하고 무성 영화 제작에 뛰어들 결심을 한다.

1902년 함경북도 회령군에서 태어난 그는 간도의 명동중학교에 다니다가 3.1만세운동에 가담한다. 그 후 독립운동에 투신해서 홍범도 장군 휘하에서 활약하다가 일본 경찰에 체포되었다. 2년간 감옥에 갇혔다가 풀려난 그는 부산으로 내려가 일본인이 운영하는 영화사 '조선키네마'에 들어간다. 언제부터 영화배우가 되고 싶었는지는 알 수 없지만 그는 조선키네마에서 만드는 영화에 조연으로 출연하면서 카메라 앞에 서기 시작했다.

배우로 자리를 잡은 그는 1926년 자신의 이름을 딴 나운규 프로덕션을 설립했다. 그리고 스스로 메가폰을 잡고 〈아리랑〉을 제작했다. 당시 농촌의 어두운 현실을 여과 없이 보여준 이

● 나운규 ⓒ 한국민족문화대백과사전　　　● 1957년 리메이크작 〈아리랑〉 포스터

영화는 특이하게도 경복궁 앞에 세워진 조선총독부의 낙성식 하루 전날인 1926년 10월 1일 단성사에서 개봉한다.

〈아리랑〉은 조선 사람이 만든 무성 영화라 자막을 볼 필요가 없었고 영화로서의 특장점이 결합하면서 엄청난 인기를 끌었다. 단성사에서의 상영 이후에는 전국에 있는 극장에서 순회 상영되었다. 검열을 피해 식민지라는 아프고 고통스러운 현실을 최대한 우회적으로 표현한 것이 적중한 셈이다. 비록 할리우드 영화에 비해 수준이 떨어진다고 해도 사람들은 기꺼이 〈아리랑〉을 보았다. 변사 역시 자막 공포에서 벗어날 수 있었다. 외국어를 제대로 해석하지 못해 무식하다는 소리를 듣지 않아도 되었다. 〈아리랑〉의 대성공 이후, 조선 무성 영화는 전성기를 맞이한다. 카메라 성능도 좋아지고 촬영 기법도 향상되었다. 카메라를 안정적으로 움직이는 트랙을 사용하기 시작했고 클로즈업 기법을 이용해 화면에 원근감을 담기도 했다. 트랙을 설치할 수 없는 실내에서는 이불 위에 카메라를 올려놓고 살살 당기는 방법을 쓰기도 했다.

나운규는 〈아리랑〉이 성공한 여세를 몰아 자신의 프로덕션에서 계속해서 영화를 제작했다. 같은 해 12월에 개봉한 〈풍운아〉는 도시를 배경으로 한 활극이었으며 다음 해 개봉한 〈야서와 금붕어〉, 〈잘 있거라〉 역시 도시를 배경으로 한 영화이다. 그는 〈벙어리 삼룡이〉 같은 역사물도 제작했고 〈아리랑〉처럼 민족의 아픔을 다루는 〈두만강 건너서〉를 찍기도 했다.

하지만 나운규 프로덕션은 경영난을 못 이기고 해산되고 만다. 전국 순회공연을 떠났던 나운규는 1930년 〈아리랑〉의 속편으로 재기에 성공하지만 그의 영화는 지식인과 평론가들의 비판 대상이 되었다. 특히 사회주의 계열의 지식인들은 나운규 영화에 등장하는 인물들이 도전하지 않고 나약한 선택을 한다고 비판했다. 물론 이는 영화를 보는 관점의 차이로 나운규는 자신의 영화를 대중을 위한 오락거리로 생각했고, 따라서 영화에 등장하는 계급 갈등이나 고민은 모두 관객의 흥미를 끌기 위한 장치일 뿐이었다. 거기에 큰 의미를 부여한 비평가들의 비판은 나운규로서는 받아들이기 힘들었을 것이다.

1930년대 접어들면서 나운규의 영화들은 빛을 잃는다. 비

판받고 실패를 겪으면서 에너지가 소진된 것이다. 조선 영화
계 전체가 불황에 빠진 것도 그 이유 중 하나였다. 몇 년 전까
지만 해도 사람들이 꽉꽉 차던 영화관들은 파리를 날렸다. 토
키 영화, 즉 말을 하는 영화를 보러 일본인들이 운영하는 극
장으로 관객들이 가버렸기 때문이다.

¶ 영화가 말을 한다

1920년대 후반 미국 할리우드에 드디어 토키 영화가 등장
한다. 배우가 등장하는 화면과 자막이 나오는 화면이 번갈아
나오는 대신 배우의 대사가 화면에 같이 담긴 것이다. 지금으
로 치면 흑백 TV 시대에 컬러 TV가 등장한 것에 버금가는 충
격이었다. 일본에서는 1930년대 초반에 토키 영화가 등장했고
역시 큰 성공을 거두었다.

조선 영화계에서도 토키 영화에 대해서는 소식을 듣고 있
었다. 수입된 외화 중 일부가 토키 영화였기 때문이다. 관객들
은 토키 영화를 상영할 준비가 되어있지 않은 조선인 소유의
영화관에 가지 않았다. 북적거리던 관객의 상당수가 토키 영
화를 보러 일본인이 운영하는 영화관으로 향했다. 허름하고
낡은 조선인 소유의 영화관에 질리기도 했고 새로운 영화에
대한 호기심을 누를 수 없었던 것이다.

조선인 관객이 밀려오자 일본인 소유의 영화관들은 조선어 신문에 광고를 싣고 그들이 좋아하는 할리우드 영화를 상영하기 시작했다. 위기감을 느낀 나운규는 토키 영화를 하루빨리 제작해야 한다고 주장했지만 당시 조선어로 된 토키 영화를 제작하는 것은 굉장히 위험한 일이었다. 조선인들이 오는 극장에서만 상영을 할 수 있는데 그런 설비를 갖춘 곳이 많지 않았고 게다가 녹음하려면 더 많은 제작비가 들었기 때문이다. 상영할 수 있는 영화관은 한정적인데 제작비가 높아지면 망설일 수밖에 없다. 그런데도 나운규는 서둘러 〈아리랑〉 3편을 토키 영화로 제작한다. 하지만 촬영이 거듭 지연되면서 토키영화 최초 타이틀을 〈춘향전〉에 빼앗긴다.

토키 영화의 등장으로 위기감을 느낀 것은 나운규뿐만이 아니다. 영화를 해설하는 변사들 역시 크게 흔들린다. 영화에 자막이 아닌 음성이 나오자 더 이상 변사가 영화에 끼어들 여지가 없어졌다. 물론 토키 영화의

● 최초의 토키 영화 〈춘향전〉 ⓒ 한국영상자료원

등장이 변사들의 몰락으로 바로 이어지진 않았다. 조선인이 운영하는 극장은 상대적으로 자본력이 약해 토키 영화를 상영하는 데 필요한 사운드 장비를 갖추지 못했기 때문이다. 변

사들은 토키 영화를 틀어주지 못하는 지방 영화관을 전전하거나 아니면 토키 영화의 사운드를 최대한 낮추고 해설했다. 하지만 언제까지나 그럴 수는 없었다.

새로운 시대는 더 이상 변사를 필요로 하지 않았다. 대표 변사인 서상호 또한 몰락의 길을 걷는다. 결국 1938년 그는 우미관의 화장실에서 사망한 채로 발견된다. 현실을 받아들이지 못하고 자신이 무대 위에 섰던 곳에서 죽음을 맞이한 것이다. 나운규가 마지막 영화인 〈오몽녀〉를 개봉하고 사망한 지 1년 후의 일이었다.

사망 후 두 사람은 전혀 다른 대접을 받았다. 나운규는 근대 영화인의 대표주자로 손꼽히며 그의 이름을 딴 춘사영화제가 개최되고 있다. 반면 서상호는 영화계에서 잊힌 존재가 되었다. 나운규와 서상호의 죽음은 무성 영화의 종말을 의미했다. 토키 영화가 등장하면서 변사라는 날개를 잃은 무성 영화는 역사 속으로 사라져버렸다.

¶ 검사와 여선생

사라진 무성 영화가 잠시 반짝이며 빛을 드러낸 적이 있다. 1948년에 제작된 무성 영화 〈검사와 여선생〉이 상영될 때였다. 토키 영화가 대세가 된 지 오래인데 어쩌다가 무성 영화가 제작된 것일까?

토키 영화로 제작되었지만 녹음 상태가 좋지 않아서 할 수 없이 무성 영화로 개봉되었다고 한다. 성동호 변사가 서울 지역 영화관을 다니면서 해설을 들려주었다.

● 영화 〈검사와 여선생〉의 한 장면
(출처 : 한국영상자료원)

착한 여선생이 남편을 죽였다는 누명을 쓰고 재판받았는데 그녀의 도움으로 공부했던 어린 학생이 검사가 되어있었다. 검사는 재판정에서 여선생을 옹호하며 무죄 판결을 끌어낸다.

이 영화는 광복 이후의 모습을 볼 수 있는 귀한 영상이기도 하다. 2000년대 초반, 최후의 변사라고 일컬어지는 신출이 해설한 영상을 본 적이 있다. 한글 자막과 변사의 해설 덕분일까? 〈전함 포템킨〉을 봤을 때보다 속도감 있게 볼 수 있었다.

성냥

드디어 손 안에 들어온 불

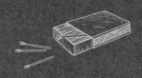

인간은 불을 쉽게 얻기 위해 수많은 노력을 했고, 그 결과물 중 하나가 바로 성냥이다. 성냥갑의 모서리에 대고 긋기만 하면 불을 얻을 수 있다는 사실은 부싯돌과 아궁이에 의지하던 사람들에게는 신천지였다. 인류가 불을 발견했던 만큼이나 성냥의 발명으로 세상이 바뀌었다. 불은 문명의 상징이자 근대화의 횃불이었다.

¶ 프로메테우스의 선물

프로메테우스는 제우스의 눈을 피해 인간에게 불을 선물한다. 그 벌로 프로메테우스는 험준한 코카서스산맥에 대장장이의 신 헤파이토스가 만든 쇠사슬에 묶인 채 매일 독수리에게 간을 쪼아 먹히는 고통스러운 형벌을 당한다. 그가 제우스에게 불쌍한 인간에게 불을 선물하자고 했지만 제우스는 불은 오직 신만이 가질 수 있다는 말과 함께 단칼에 거절했다.

프로메테우스가 처벌을 각오하고 선물한 불은 인간에게 축복이자 선물이면서 무기였다. 인간은 네발 달린 짐승보다 빨리 달리거나 높이 뛰지 못하고, 날카로운 이빨도 발톱도 없고, 추위를 막을 털도 나지 않는다. 이런 인간에게 불은 추위를 이겨낼 수 있게 해주고 동물을 쫓아낼 수 있게 해주었다. 인간은 불을 이용해 동물들을 사냥했고 음식을 익혀 먹으면서 점점 더 건강해졌다.

거대한 건축물을 짓고 금속 무기를 대량으로 만들기 위해서도 불은 필수였다. 흙을 구워야 기와를 만들 수 있고 금속을 녹이려면 높은 온도의 불이 필요했기 때문이다. 반면 인간이 불을 자유자재로 다루게 되면서 자연은 피해를 보게 되었다. 인간은 경작지를 넓히기 위해 숲에 불을 지르는 경우가 늘었고 불로 녹여 만든 금속으로 무기를 만들어 더 많은 동물을 사냥했다. 물론 인간끼리도 전쟁을 벌여 수많은 인명이 죽는 일도 심심치 않게 벌어졌다. 어쩌면 신만이 불을 가질 자격이 있다고 한 제우스의 말은 진실이었을 수 있다.

하지만 불은 인간에게 매우 소중했다. 무기나 갑옷을 만들 금속을 녹일 때도, 기와와 그릇을 가마에 구울 때도, 음식을 요리하거나 추위를 피해 몸을 따뜻하게 할 때도 필요했다.

한옥에 있는 부뚜막은 난방과 조리를 위한 공간이다. 아궁이에 불을 때서 밥을 짓는 동시에 온돌의 구들장을 데운다. 그래서 우리 조상들은 부뚜막에 신이 살고 있다고 믿었다. 이 신은 부엌을 관장하는 신으로 조왕신, 조왕각시, 부뚜막신으로 불렸는데 제주도에서는 삼덕할망이라고도 불렀다(제주도에서 할망은 신을 뜻한다). 부엌에는 늘 조왕신이 있기 때문에 그곳에서는 나쁜 말을 하거나 부뚜막에 걸터앉으면 안 된다고 믿었다. 항상 부엌을 깨끗하게 해서 조왕신을 잘 모셔야 한다고 생각했다. 거기서 한발 더 나아가 부뚜막 뒤편에 작은 단을 마련해두고 깨끗한 물을 그릇에 담아 바치기도 했다.

부엌의 아궁이에는 항상 불이 있어야 했고 이 임무는 주로 집안의 여자들이 맡았다. 불을 붙이려면 부싯돌을 쳐서 불꽃을 내야 하는데 결코 쉬운 일이 아니었다. 불은 붙이기도 어려웠지만 쉽게 꺼졌고 불을 옮기는 일도 쉽지 않았다. 그래서 불을 쉽게 붙일 수 있는 사물에 대한 열망이 오래전부터 아주 컸다. 그리고 성냥을 통해 이를 이루었다. 끝에 백린을 묻힌 작은 성냥개비를 돌이나 적린이 묻은 마찰 면에 그으면 순식간에 불이 일어났다.

¶ 성냥의 조상, 석류황

성냥이라는 단어는 '석류황'에서 비롯되었다. 석류황에서 석뉴황을 거쳐서 셕냥, 성냥이라고 불리다가 성냥으로 정착된 듯하다. 그렇다면 석류황이 성냥의 조상일까? 형태나 용도를 알 수는 없지만 석류황이 최초로 언급되고 이후 한동안 석류황을 언급한 책들 모두가 의서였는데 현재처럼 불을 붙이는 용도는 아니었다. 그러다가 18세기에 석류황을 '취등'이라고 풀이한 책들이 나왔다. 여기에 취등은 불을 켤 때 쓰는 것이라는 설명이 붙어 있었다. 그러니까 약 100년 정도 사이를 두고 의약적인 용도로 사용하든 무언가를 가리키든 석류황이 불을 켤 때 쓰는 용도로 바뀐 것이다. 이후 셕냥을 거쳐 셩냥이라는 단어가 구한말에 수입된 성냥을 지칭하는 용도로 사용되었고, 일제강점기 즈음에 성냥으로 굳어졌다고 보고 있다.

석류황이 불을 붙이는 용도로 옮겨간 이유는 주요 성분이 유황이라서가 아니었나 추측해본다. 다만 석류황은 성냥과는 결정적인 차이가 있다. 우리가 봐온 성냥은 개비 끝에 붉은인과 염소산칼륨을 묻힌 것이다. 이걸 유릿가루와 규조토를 바른 부분에 마찰시켜서 불을 붙인다. 반면 조선 후기의 석류황은 나무에 불이 잘 붙는 유황을 끝부분에 살짝 묻힌 것으로 화로에서 불을 옮겨 담뱃불을 붙일 때 썼던 것으로 보인다. 그러니까 석류황은 어딘가의 불을 옮기는 역할을 했을 뿐 불 그 자체를 만들어내지는 못했다.

¶ 손 성냥의 사촌 '화촌'

그렇다면 우리가 알고 있는 성냥은 언제 탄생했을까?

중국에서는 서기 6세기경 '화촌'이라 하는 성냥의 사촌이 만들어졌다. 전해지는 이야기에 따르면 화촌은 북제의 황궁에서 일하는 궁녀들이 요리를 준비하던 중에 우연히 발명했다고 한다. 석류황처럼 나무에 유황을 묻혀 불을 붙이는 방식이었다. 오늘날의 성냥과는 비교할 수 없지만 전쟁 중에는 꽤 쓸 만해 널리 퍼졌고 불을 붙일 수 있는 짧은 불 막대라는 뜻으로 화촌이라 불렸다.

13세기쯤 중국을 방문한 유럽인들이 시장에서 파는 화촌을 목격한다. 유럽 역시 불을 붙이는 문제를 해결하지 못했기 때문에 화촌은 자연스럽게 유럽으로 전파되었다. 어쩌면 조선의 석류황 또한 화촌의 영향을 받았을 수 있다. 어쨌든 필요는 발명의 어머니라고 불이 꺼진 아궁이 앞에서 낙담하던 이들에게 소나무 가지에 유황을 묻힌 석류황은 정말 유용한 물건이었다. 옆집에서 불을 붙여와야 할 때 이를 따라올 물건이 없었으니 말이다.

¶ 손안의 불

성냥의 기준을 스스로 발화할 수 있느냐로 삼는다면 최초의 성냥은 1680년, 잉글랜드의 화학자 로버트 보일이 만든 성냥일 것이다. 그는 황을 나무 막대기에 묻힌 다음 인과 마찰시켜 불을 붙이는 방법을 고안했다. 오늘날의 성냥과 거의 유사했지만 인이 빨리 증발해버려 실용화에는 실패했다.

1805년에는 프랑스의 화학자 장 상셀이 가느다란 나무 조각 끝에 염소산칼륨, 황, 설탕을 배합해서 묻히고 그걸 황산에 담가 불을 붙이는 방식을 완성했다. 125년 전 로버트 보일이 만든 것보단 편리했지만 문제는 황산의 불안정성이었다. 냄새도 심하고 들고 다니기도 쉽지 않았다.

성냥의 운명은 다시 영국으로 넘어간다. 1826년, 영국의 발명가이자 약사인 존 워커가 염소산칼륨과 황화안티모니를 배합한 성냥 머리를 유리조각과 규조토를 바른 샌드페이퍼, 즉 사포판 사이에 넣었다가 빼는 방식으로 불을 만들어냈다.

사실 여기에는 좀 더 재미난 이야기가 숨어있다. 존 워커가 실험실에서 자주 쓰던 나무 막대기에 약품들이 묻은 것을 발견한 일이 시작이다. 그는 나무 막대기를 다시 쓰기 위해 약품들을 닦아내려 했다. 하지만 잘 안되자 홧김에 바닥에 대고 세게 문질렀는데 그중 한 나무 막대기에서 불꽃이 튀면서 불이 붙은 것이다. 그걸 본 존 워커는 황급히 나무 막대기에 묻은 약품이 무엇인지 확인해봤다. 염소산칼륨과 황화안티모니였다. 존 워커는 즉시 두 개의 약품을 이용해서 마찰로 불을 붙이는 성냥 개발에 착수한다. 뭔가를 마찰시킬 때 불꽃이 튀고 그걸로 점화시킬 수 있다는 것은 당대에도 널리 알려진 사실이었다.

대표적으로 당시 영국군이 사용하던 활강식 머스킷 소총인 브라운 베스는 부싯돌을 이용해서 점화시키는 방식을 이용했다. 방아쇠를 당기면 부싯돌이 앞에 있는 금속을 치면서 불꽃이 발생하는데, 이 불꽃이 화약 접시 안에 있는 화약을 점화시키면서 발사가 되는 방식이다. 복잡하긴 하지만 화승*을 이용해서 발사하는 화승총보다 편하고 쉬웠다. 그래서 활강식 머스킷 소총은 100년 이상 사용되었다.

존 워커는 막대기에서 불꽃이 튀는 순간 불을 만들어낼 수 있을 것이라 직감했다. 시대적 배경과 행운이 겹치면서 성냥이 만들어진 셈이다. 그가 만든 성냥은 로버트 보일이나 장상셀이 만든 것보다 안전했고 간편했기 때문에 실용화의 길을 걷는다. 다음 해인 1827년, 존 워커는 자신이 아는 약국과 상점을 통해 성냥을 팔기 시작했다. 지금처럼 인터넷 후기나 평점을 확인할 길은 없지만 원할 때 불을 얻을 수 있다는 사실은 사람들을 열광시켰다. 성냥은 정말 불티나게 팔렸다. 물론 초창기의 모든 발명품이 그러하듯 성냥 역시 고가품으로 당시 영국 병사 하루 일당과 맞먹었다. 하지만 그는 큰돈을 벌 기회를 놓치고 만다. 특허를 내라는 주변의 권유를 무시한 것이다. 특허를 내면 기술이 유출되지 않을까 우려한 거지만 인간의 잔머리는 종종 운명을 바꾸기도 한다.

1829년, 사뮤엘 존슨이 그의 성냥을 모방한 성냥을 만들어내면서 본격적인 성냥 전성시대가 열렸다. 다음 해에는 프랑

---

* 　불을 붙게 하는 데 쓰는 노끈. 대의 속살을 꼬아 만든 것으로 옛날 총열에 화약과 탄알을 재고 이 노끈에 불을 댕겨 귀약통에 대어 폭발시켰다.

스의 화학자가 백린을 이용한 성냥을 개발했다. 존 워커의 성냥처럼 마찰 면을 이용하는 것이 아니라 딱딱한 곳이라면 어디든 대고 그으면 되었다. 아울러 황 성분을 제거해 불쾌한 냄새도 나지 않았다.

백린으로 만든 하얀색 성냥은 서부 시대를 배경으로 하는 영화에 단골로 등장한다. 악당이나 주인공이 부츠나 나무 기둥에 대고 성냥을 그어 파이프나 시거에 불을 붙이는 장면에서 말이다.

이후 백린 성냥은 몇 가지 변화를 거친다. 영화에서는 멋있었지만 시도 때도 불이 붙었던 것이다. 주머니에 넣고 다니다가 저절로 발화되어 화상을 입는 사례도 발생했다. 수많은 사람이 바지를 태워 먹고 화상을 입는 와중에 1848년 독일의 화학자 크리스티안 뷔트거가 적린을 이용한 성냥을 만들어냈다.

이제 성냥은 저절로 발화하는 일이 없어졌다. 안전성냥이라고 부르는 이 방식은 지금도 대부분의 성냥에 채택되었다. 염소산칼륨이 주성분인 성냥은 불을 직접 갖다 대지 않는 한 절대 발화하지 않는다. 대신 마찰 면과 서로 마찰을 일으켜야 하는데 이때 마찰 면에 황이 함유되어있어서 살짝 냄새가 난다. 하지만 이 정도는 스스로 발화하거나 악취가 나는 이전 성냥에 비하면 흠도 아니다.

19세기 중반이 되면서 성냥은 서양에서는 흔한 물건이 되었다. 안데르센이 쓴 동화 속 성냥팔이 소녀가 성냥을 팔지 못하고 쩔쩔맨 것은 너무 흔해서 아무도 사지 않았기 때문이었을 것이다. 그렇다면 성냥은 언제 우리나라로 들어왔을까?

¶ 우리에게 찾아온 성냥

한동안 학계는 1880년 김홍집이 이끄는 수신사를 따라 일본에 간 개화승 이동인이 성냥을 가져온 것이라고 보았다. 하지만 문헌을 찾아보면 이보다 몇 년 전에 성냥과 같은 물건이 있었음을 알 수 있다.

1876년 일본과 맺은 불평등 조약인 강화도 조약이 체결된 직후, 전권대신 신헌이 고종에게 일본의 전권대신 구로타 기요타가가 보여준 개틀링 기관총의 시범 발사 광경을 설명하면서 '양취등'을 언급한다. 앞서 석류황을 취등이라고 불렀는데 앞에 양자가 들어갔으니 서양의 취등, 그러니까 성냥을 의미한다고 볼 수 있다. 신헌은 양취등이 자유자재로 불을 붙일 수 있다고 하면서 천하가 다 가지고 있는데 우리만 없다고 한탄한다. 아울러 구로타에게 만드는 법을 물어봤는지 일본 역시 근래에 만들기 시작했다고 덧붙였다.

일본과 강화도 조약을 맺은 것을 계기로 조선은 세계 각국과 조약을 맺고 개항했다. 이후 인천과 부산, 군산과 목포 같은 항구를 통해 외국 물품들이 쏟아져 들어왔다. 그중에는 성냥이나 석유램프처럼 이전에는 상상도 할 수 없을 만큼 편리한 것들이 많았다. 특히 불을 자유자재로 만들 수 있는 성냥은 엄청난 인기를 끌었다. 부싯돌과 석류황과는 비교할 수 없을 정도로 편리하고 크기도 작았기 때문이다.

성냥은 주로 지리적으로 가까웠던 일본에서 수입되었으나 유럽제 성냥들도 수입되었다. 제물포에 자리 잡은 대표적인 외국계 회사인 세창양행에서는 1885년에 이미 대대적인 광고를 하면서 성냥. 자명종, 바늘, 물감 같은 서양 물건들을 판매했는데, 이 중에서도 성냥은 외국 물건이라는 거부감으로 외면하기에는 너무나 편리한 물건이었다. 남녀노소 가리지 않고 피우는 담배의 불을 붙이기에 제격이었기 때문이다.

조선에서도 성냥을 만들려는 시도가 일어났다. 기존 연구 결과를 보면 최초의 성냥 공장은 1886년경 인천 제물포에 외국인들이 세웠다고 하는데, 몇 년 동안 성냥을 생산하고 중국에도 수출했지만 일본제 성냥들이 범람하면서 판매가 부진해지는 바람에 문을 닫았다고 한다. 비슷한 시기에 러시아인이 양화진에 성냥 공장을 세웠다는 기록도 있다. 하지만 정확한 상호나 위치, 규모에 대해서는 알려지지 않았다. 이런 이유로 적지 않은 연구자들이 이 기록들은 사실이 아니거나 소규모 가내 수공업 수준이라서 외국제 성냥과의 가격 경쟁에서 밀려 사라진 것으로 보고 있다. 후술하겠지만 성냥을 만들려면 염소산칼륨과 유황, 적린 같은 원재료는 물론, 성냥개비 제작에 기계들이 필요하다. 아울러 그런 기계들을 다룰 기술자와 전기시설도 필요하다. 하지만 당시 제물포나 양화진에 그런 기반 시설이 있었는지는 불분명하다.

오늘날 정설로 여겨지는 국내 최초의 성냥 공장은 1899년 사동의 충훈부* 맞은편에 있던 고흥사로 보고 있다. 지금의 안국역 6번 출구 근처라고 짐작되는 곳이다. 이는 1899년 4월 제국신문에 실린 고흥사의 성냥 광고로 입증된다.

사동 충훈부 건너 고흥샤杲興社에서 당성냥을 만이 만들어 놋코 오날붓허 팔기을 시작하오니 구경삼아 사가시오. 우리나라 사람이 처음 만든 거시로되 외국 것보다 백층이나 더낫소.

여기서 말하는 '당성냥'은 아마 외국제 성냥을 뜻하는 것으로 보인다. 이 광고는 다음 달인 5월까지 총 12회 실렸다. 고흥사가 어느 정도 규모인지 어떤 성냥을 팔았는지는 알려지지 않았다. 다만 광고까지 실을 정도였으니 실제 성냥을 판매한 것으로 보고 있다. 아울러 같은 해 12월에도 황성신문에 고흥사의 성냥 광고가 실린다.

하지만 고흥사는 어느 순간 소리소문없이 사라졌다. 외국제 성냥의 물량 공세에 못 이긴 것일까? 하지만 성냥이 본격

---

*   조선시대 나라에 공을 세운 공신이나 그 자손을 대우하기 위해 설치했던 관청.

적으로 선을 보인 지 20여 년 만에 국내에서 성냥 생산을 시도했다는 점은 높이 평가할 만하다. 아울러 안타까운 사고도 존재했다. 1899년 1월 전라남도 나주에 사는 차대원의 집에서 진안군에 사는 물상객주 전덕상이 성냥을 제조하다 폭발하는 바람에 그를 포함해 4명의 사망자가 발생하는 일이 벌어진 것이다. 제대로 된 제조법을 익히지 못한 채 폭발 위험이 있는 재료들을 배합하다가 사고가 벌어진 것으로 추정된다.

이런 과정을 거쳐 만들어진 국산 성냥은 얼마 가지 못해 사그라들고 만다. 고흥사의 광고와는 반대로 우리나라 사람이 처음 만든 성냥은 외국의 것보다 낫지 않았다. 안타깝게도 세창양행을 비롯한 외국 회사들이 수입한 성냥이 훨씬 더 성능이 좋았다. 성냥을 만드는 데는 상당한 노하우와 기술이 필요하고 값비싼 기계도 있어야 하는데 그렇지 못했던 고흥사는 결국 가격 경쟁력에서 밀려 사라졌다. 이후 조선인의 손에 쥐어진 성냥은 일본을 비롯한 외국에서 만들어진 것이 대부분이었다. 영토가 식민지 되기 전에 이미 문물의 식민지가 된 셈이다.

춘원 이광수가 1917년에 발표한 〈무정〉을 보면 주인공 형식이 평양에 갔다가 성냥을 쉽게 사고파는 걸 보고는 놀라는 대목이 나온다. 시대적 배경이 구한말이라는 점을 감안하면 이즈음에 성냥은 박래품이라는 희귀한 상품이 아니라 시장에서 일상적으로 사고파는 물건이 되었다는 것을 알 수 있다.

¶ 불의 식민지

당시 일본과 서양에서 들어온 물품들을 통틀어서 '박래품'이라고 불렀다. 산업혁명을 거친 서양이나 메이지 유신을 통해 빠르게 서구화를 추진하고 있던 일본에서 들어온 것들이다. 대부분 성냥처럼 생활을 더없이 편리하게 해주었기 때문에 거부감은 곧 사라지고 일상에서 애용되었다. 조선은 자연스럽게 외래품의 식민지가 되어갔다. 일본 상인들이 바다를 건너 서양에서 만든 박래품들을 가져와 직접 조선인에게 판매했다. 그중 제물포 일본 상인들의 활동이 두드러졌다. 개항장이라 자유롭게 머물 수 있는 데다 한양과의 거리가 가까웠기 때문이다. 경부선 철도가 놓이기 전이라 부산에서 한양을 육로로 이용한다는 건 거의 불가능했다. 그래서 배를 타고 제물포로 들어오는 것이 가장 빨랐다.

청일 전쟁과 러일 전쟁의 승리로 경쟁자였던 청나라와 러시아를 쫓아낸 일본은 좀 더 노골적이고 직접적으로 조선을 장악하려 들었다. 1909년 일본인 사업가가 대구에 명수사라는 이름의 성냥 공장을 세운 것도 그런 연유에서였다. 직접 물건을 만들어 판매함으로써 수익을 높이는 한편, 시장 장악력도 높일 계획이었던 것이다. 1910년 조선이 일본 식민지가 된 후, 다른 경쟁자들을 모두 쫓아내고 조선이라는 시장을 독차지한 일본은 박래품을 대체할 공장들을 세웠다.

1914년 유럽에서 터진 제1차 세계대전, 당시 그레이트 워 Great War라고 불린 이 전쟁도 일본에는 절호의 기회였다. 먼 유럽에서 전쟁이 벌어지면서 서구 열강들이 아시아까지는 미처 신경을 쓰지 못했다. 가장 강력한 경쟁자였던 서구 열강이 사라진 틈을 타 일본은 공격적으로 한국에서의 시장을 넓혀나 갔다. 유럽에서 물품을 수입하던 제물포의 외국 회사들이 손을 놓게 되자 적극적으로 활용했다. 성냥 제조에 필수적인 염소산칼륨을 자체 생산하는 데 성공했으며 기타 재료도 수입선을 유럽에서 미국으로 바꿨다.

호황을 맞이한 일본은 성냥의 자체 생산에 성공하고 중국이나 인도는 물론 유럽까지 수출에 나선다. 그러면서 식민지 조선에서도 성냥의 생산이 이루어졌다. 이처럼 제1차 세계대전은 일본에 더 높은 곳으로 올라가는 발판이 되었다. 영국과 프랑스, 미국이 손잡은 연합국에 가담함으로써 승자의 편에 선 것 또한 주효했다. 유럽이 전쟁터가 된 틈을 타서 독일 식민지였던 중국 산둥반도의 청도를 점령하고 아시아에서의 영향력을 확대하는 데 성공한 것이다. 전쟁이 끝난 후에는 태평양 지역에 있던 독일의 식민지까지 차지해 해양 진출도 이루어냈다.

¶ 그들만의 리그

1917년 인천에서 활동하는 9명의 일본인 사업가가 50만 원을 자본금으로 하여 성냥의 제조와 판매를 하는 '조선인촌주식회사'를 설립했다. 일본에서는 성냥을 인촌이라고 했으므로 정확하게는 '조선성냥주식회사', 보통은 줄여서 '조선성냥'이라는 회사를 만든 것이다.

아무리 자본이 많고 기술이 있다고 해도 조선인은 성냥 공장을 세울 수 없었다. 여기에는 결정적인 이유가 있었으니 바로 일본이 조선을 식민지로 만들면서 공포한 몇 가지 법률 때문이다. 그중 하나인 '회사령'은 조선인이 회사를 세우려면 무조건 총독부의 허가를 받도록 한 것으로 서류를 제출해서 심사받은들 허가를 내주는 건 총독부 재량이라 불가능에 가까웠다. 반면 일본인들은 자본금을 모으고 정관을 만든 다음 신청을 하면 결격 사항이 없는 한 허가를 해주었다. 가물에 콩 나듯 조선인에게 내준 허가는 대부분 친일파이거나 일본인과 합작을 한 경우였다.

대표적인 사례가 1920년 조선인 장직상을 대표로 하는 대구의 동아성냥주식회사의 설립을 허가해준 것이다. 장직상은 일본이 조선을 식민지로 집어삼키는 것에 찬성한 친일 매국노였고, 나머지 대주주 모두가 일본인이라는 점에서 알 수 있듯 무늬만 조선인 회사였다. 일본인 자본가들이 장직상을 허

수아비 대표로 내세웠다고 볼 수 있다.

이렇게 조선인들을 배제한 그들만의 리그가 펼쳐졌다. 인천에 세워진 조선인촌주식회사는 1930년대 초가 되자 공장 근로자가 남녀 모두를 포함해 400명이 넘어섰고 1년에 7만 상자에 달하는 성냥을 제조했다. 조선 전체 성냥 사용량의 약 20퍼센트였다.

성냥 산업이 발전하자 너도나도 성냥 제조업에 뛰어들었다. 1928년 부산의 남선성냥과 희로성냥을 시작으로 1930년대부터 1940년대 내내 성냥 공장의 설립이 이어졌다. 대부분의 회사는 일본인이 주축이었다. 공장 노동자는 조선인이지만 고급 기술의 전수는 금지했다.

1919년 함경북도에서는 일본인들이 출자해서 만든 두만강 임업주식회사가 설립된다. 성냥을 만드는 데 필요한 성냥개비를 공급할 목적으로 세워진 회사다. 성냥 공장이 늘어나면서 이들에게 나무를 공급해줄 임업회사의 설립도 활발해졌다. 하지만 이런 움직임은 모두 부처님 손바닥 위에 오른 손오공 꼴이었다. 일본 최대 성냥 회사인 대동성냥이 인천의 조선인촌주식회사의 주식을 대량 매집하면서 조선에 진출한 것이다. 1929년 전 세계를 강타한 경제 대공황으로 일본 내수 시장이 부진해지자 이를 타개하고 만주와 중국에 진출할 교두보를 확보할 목적이었다. 1931년 일본은 만주 사변을 시작으로 본격적으로 중국 침략에 나섰는데 대동성냥은 이에 발맞추어

● 1917년 우리나라 최초의 성냥 공장인 조선인촌주식회사 전경ⓒ 인천시 역사자료관

● 성냥 공장에서 일하는 여자 노동자 ⓒ 인천근대박물관

새로운 시장에 진출할 계획이었다.

대동성냥의 조선인촌주식회사의 주식 매집 이후 조선인촌 주식회사에 대규모 자금이 투입되고 설비가 늘어난다. 20퍼센트 정도였던 국내 점유율이 70퍼센트까지 늘어났으며 일부는 만주와 중국에도 수출되었다.

그 사이 성냥은 일상에 깊숙이 파고들었다. 가장 많이 늘어난 것은 화재였다. 1920년대부터 눈에 띄게 늘어난 화재 사건의 대부분은 성냥이 시작이었다.

성냥은 악질적인 순사의 고문 도구로도 사용되었다. 독립운동가를 잡고 싶어서 그의 부인을 체포하고 성냥불로 몸을 지져 자백받으려고 했던 조선인 순사가 집행유예를 선고 받

일제강점기에 설립된 성냥 공장들(1918~1942)

설립일	회사명	소재지	설립일	회사명	소재지
1917.10.04	조선(朝鮮)성냥	인천	1937.05.15	일선(日鮮)성냥	군산
1920.08.02	동아(東亞)성냥	대구	1937.05.25	목포(木浦)성냥	목포
1928.04.26	남선(南鮮)성냥	동래	1937.12.27	수원(水原)성냥	수원
1928.04.26	희로(姬路)성냥	동래	1939.10.0	청진(淸津)성냥	청진
1933.03.03	평안(平安)성냥	신의주	1939.11.01	북선(北鮮)성냥	북청
1935.09.10	부산(釜山)성냥	부산	1940.04.20	삼공(三共)성냥	시흥
1937.05.06	북선(北鮮)성냥	청진	1940.06.26	평양(平壤)성냥	평양
1937.05.15	대화(大和)성냥	군산	1942.01.15	동양(東洋)성냥	흥남

출처 : 논문 〈해방 전후기 인천 성냥 제조업의 변화〉, p.41

았다는 기사도 찾아볼 수 있다. 그 밖에 간도나 만주로 이주했다가 중국 관헌과 지주의 등쌀에 못 이겨 다시 조선으로 돌아온 동포를 돕기 위해 초산구락부 회원들이 성냥갑을 들고 나가 판매했다는 기록도 보인다. 이렇게 성냥은 누군가의 삶을 앗아가거나 재산상의 손해를 입히기도 했지만 누군가에게는 삶을 이어갈 희망의 끈이 되기도 했다. 또 누군가에게는 투쟁의 단초였고 또 다른 이에게는 돈벌이 수단이었다. 그리고 그 안에는 잔혹한 식민지의 시스템이 작동했다.

1930년대에 접어들면서 일본은 이래저래 위기에 접어든다. 경제 대공황의 여파로 경기는 침체하였고 '다이쇼 데모크라시'라고 불리는 민주주의로의 발전은 군부의 등장으로 막을 내렸다. 의원내각제를 채택한 일본은 선거를 통해 내각을 구성하고 내각을 이끄는 총리가 국민의 뜻을 정치에 투영시키려 했으나 군부와 귀족, 기업가들이 자신의 이권을 위해 내각을 핍박하고 선거 결과를 무시하는 작태를 반복했다. 그렇게 민주주의는 허망하게 무너지고 가혹한 군부 통치가 시작된다.

일본은 군인 출신 총리가 잇달아 지명되고 치안유지법 등을 통해 민주주의 세력을 억압해나갔다. 영토 확장을 통해 세력을 넓히고 싶었던 군부가 내각의 통제를 무시하고 만주 사변을 일으켜 전쟁을 벌이기도 했다. 이 시기의 일본은 성냥을 처음 가진 아이가 호기심에 여기저기 불을 내고 다니는 모습 같았다. 문제는 그 불이 활활 타올라 자신들까지 태워버렸다는 점이다.

중국을 향한 일본의 침략은 서구 열강의 반발을 샀다. 당시 서구 열강은 중국을 반식민지 상태로 만들어 경제적 이익을 취하는 중이었다. 구역도 정해 교통정리까지 마친 상태였다.

하지만 일본은 서구 열강의 규칙 따위는 깡그리 무시하고 중국을 침범했다. 구역을 침범당한 서구 열강들이 가만있을 리 없다. 이때 일본과 가장 큰 갈등을 벌인 나라가 미국이다. 미국-스페인 전쟁 이후 필리핀을 식민지로 삼고 만주 지역에도 투자한 미국은 자신의 구역에 노골적으로 발을 들이미는 일본에 주목했다. 각종 금수조치로 일본을 압박한 것은 일종의 경고였으나 일본은 오히려 만주를 침략하는 것으로 대응했다. 일본이 던진 성냥불이 서서히 큰 화재로 번져가고 있었다.

¶ 성냥의 제국주의

사람 손가락 길이의 성냥, 불을 붙이면 고작 몇 초 타고 꺼지는 그 작은 물건 안에 제국주의 시스템이 있다고 하면 많이들 의아할 것이다. 하지만 성냥의 제작과 판매에도 제국주의의 정교한 시스템이 작동하고 있었다.

1930년대가 되면서 성냥은 일상에 깊숙이 자리를 잡았다. 당시 신문에는 산에 불을 내고 농사를 짓는 화전민을 방화죄

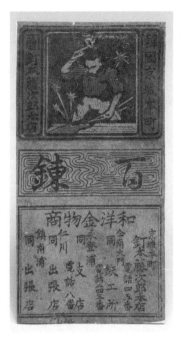

● 성냥 광고 ⓒ 국립민속박물관

로 처벌하느냐 마느냐를 놓고 다투는 사건에서 만약 그들을 처벌한다고 해도 결국 성냥갑과 도끼를 들고 다시 산에 불을 낼 것이라는 기사 내용이 나온다. 상징적인 표현으로 쓸 정도로 성냥이 빈번히 사용되었다는 걸 알 수 있다.

　아울러 성냥 광고도 매우 많아졌다. 주로 후발주자들이 내는 광고였는데 대개 상표와 대표 이미지를 크게 넣고 그 주변에 제품 이름을 작게 적어 넣는 방식이었다. 귓병의 원인이 성냥개비로 귀를 쑤시는 것이라고 언급하는 의사 이야기도 기사에 나왔다.

성냥과 관련한 기사는 이뿐만이 아니다. 평안북도 강계에 동냥을 하고 산에서 나무를 하면서 사는 70세 노인 박지성이 있었다. 그는 어렵게 모은 돈으로 쌀과 성냥, 담배를 사서 집 안에 잘 보관해놓고 수확을 끝낸 논에 벼 이삭을 주우러 갔다. 그 사이 동네 불량배들이 집안을 싹 털어가는 일이 벌어 졌다. 기자는 걸인의 집을 턴 나쁜 좀도둑들이라면서 도둑 중에 가장 나쁜 도둑이라는 기사를 썼다. 이 기사를 보면 박지성이라는 노인이 힘들게 모은 돈으로 산 것 중 하나가 바로 성냥이다. 음식을 만들거나 난방을 위해 꼭 필요한 것이라 어려운 형편인데도 성냥을 샀던 것이다.

흥미로운 점은 이 시기의 신문에 안데르센의 동화 〈성냥팔이 소녀〉가 연재되었다는 점이다. 화전민이 살기 위해 켠 성냥불 너머에 추위를 잊기 위해 하나씩 성냥을 켜는 성냥팔이 소녀의 모습이 어른거린다.

1930년대 후반이 되면 미국과 일본의 갈등은 폭발 일보 직전에 이른다. 일본의 중국 침략 역시 속도를 더한다. 일본은 효율적인 전쟁 수행을 목적으로 민간 시장에 각종 통제를 가했다. 예를 들어 설탕이나 밀가루 생산량을 조절하고 배급제를 실시했다. 성냥 역시 예외는 아니었다. 1932년 일본 정부가 성냥 산업을 통제할 움직임을 보이자 발 빠른 업체들이 바다 건너 조선으로 넘어왔다. 본토보다는 규제가 덜한 식민지 조선에서 성냥을 생산하기 위해서였다. 일본 성냥 회사들의 이런 행동에 조선 성냥 회사들이 크게 반발했다. 하지만 식민국의 반발은 본국에 아무런 영향을 미치지 못했다. 심지어 조선의 성냥 회사 경영자 대부분이 일본인이었는데도 말이다.

결국 조선의 성냥 회사들은 조선성냥공업조합의 깃발 아래 모여들었다. 조합이라고는 하지만 자율성 같은 건 눈을 씻고 찾아봐도 없다. 일본성냥공업조합과 일본 성냥의 대부분을 제조하고 판매하는 미쓰비시 상사의 간섭을 받는 처지였기 때문이다. 일본은 조선에서 생산된 성냥은 일본으로 수출할 수 없으나 일본에서 생산한 성냥은 조선에 공급할 수 있도록 했다. 가격도 정해버렸다. 이런 일련의 과정에 조선인의 의견은 조금도 반영되지 않았다. 소비자를 무시한 채 인위적으로 생산량과 수출량을 정해버리고 가격까지 매겨버린 것이다.

이런 통제 정책에도 성냥 생산은 원재료를 제때 공급하지 못해 생산량이 급감했고 성냥 가격은 급격히 치솟았다. 10전짜리 성냥이 50전까지 올라가는 현상이 벌어지면서 1940년부터는 배급제의 일종인 '성냥 전표제'가 시행된다. 사실 1930년대 후반부터 각종 배급제가 시행되고 있었다. 그중 성냥 전표제는 조선성냥공업조합에 속한 성냥 공장에서 생산한 성냥을 총독부의 감독하에 지방으로 배포하는 것을 시작으로 했다.

지방으로 배포된 성냥은 이전 판매량을 토대로 도매점과 소매점에 배분되어 소비자에 전달되었다. 돈이 있다고 해도 마음대로 살 수 없었고 일본 성냥 또한 공급이 부족해지면서 성냥을 구하기란 점점 더 어려워졌다. 조선 사람들은 소나무에 유황을 묻힌 석류황을 다시 사용하기 시작했다. 이런 와중에 성냥 공급 업체들은 배급제 덕분에 판매에 대한 부담감 없이 돈을 벌었다.

이 시기 신문에는 두 가지 내용의 기사가 번갈아 실린다. 하나는 성냥 생산량을 증산한다는 기사이고 또 다른 하나는 성냥을 매점매석한 사람들을 적발해서 처벌한다는 기사이다. 실제로 타지역으로 가서 성냥을 싹쓸이하는 경우가 많았던 듯하다. 이를 막기 위해 배급제를 시행한 것인데 고통은 고통대로 가중되고 성냥 회사로 대표되는 일본 제국주의의 배만 불려주었다.

¶ 성냥 공장 아가씨는 예뻤을까?

〈인천의 성냥 공장 아가씨〉라는 노래가 있다. 주로 술자리에서 불린 저급한 내용의 노래이지만 그런 노래가 불렸다는 것은 많은 여성이 열악한 환경의 성냥 공장에서 일했다는 것을 의미한다.

공장의 탄생은 노동자라는 새로운 계급을 형성시켰다. 농사나 가내수공업과는 달리 공장 노동은 기계 앞에서 장시간

일을 해야 생계를 유지할 수 있었다. 농사를 지으면 최소한 식량 걱정은 하지 않아도 되었고, 가내수공업 역시 힘이 들거나 일거리가 없으면 다른 일을 할 수 있었지만 공장에 묶여있는 노동자는 그럴 수 없었다. 임금을 주는 고용주의 손에 생사여탈권이 잡혀있으니 근대의 노예라고 볼 수도 있다.

성냥은 제조 특성상 나무를 자르는 축목 작업 외에는 큰 힘이 들어갈 일이 없다. 그래서 여성 노동자들이 많이 고용되었다. 여기서 첫 번째 갈등이 벌어졌다. 여성과 남성의 임금도 차이가 났지만 일본인과 조선인의 임금 역시 차이가 컸다. 같은 일을 했는데 가장 적은 임금을 받는 현실에 여성 노동자는 분노했다.

1921년 3월 10일, 인천 조선인촌주식회사의 여성 노동자 150여 명이 일본인 지배인의 부당대우에 항의하며 동맹파업을 일으켰다. 해당 파업을 소개한 매일신보는 마침 업체가 폐업하려던 참이었다며 파업을 주도한 여성 노동자들이 파업한 것을 후회하는 중이라는 기사 같지 않은 기사를 실었다. 왜 파업했으며 일본인 지배인의 부당대우가 무엇이었는지는 전혀 언급이 없고 수면 위에 드러나지 않던 묵은 분쟁이 많았다고만 했다.

분쟁이라는 것은 서로 대등한 상황에서 벌어지는 것이다. 일본인 지배인과 조선인 여성 노동자 사이에 대등이 있었을까? 이 사건은 매일신보가 기사를 왜곡해서 독자의 눈을 속이려 했다고 볼 수 있다. 파업한 여성 노동자들을 비꼬는 기사를 낸 매일신보와는 달리 총독부의 내무국 사회과는 직접 조사한 보고서를 상부에 제출했다. 조사 결과 일본인 지배인의 부당한 대우에 항의해 파업이 일어났다고 서술했다. 비공식 보고서이긴 하지만 '부당하다'는 표현을 썼다면 실제로는 어땠을지 짐작이 간다. 요즘과는 비교할 수 없을 정도로 열악한 당시 노동 환경을 생각해보면 얼마나 끔찍했을지 상상이 간다. 여성 노동자들의 동맹 파업은 하루 만에 막을 내렸고 주

일제강점기에 성냥 공장 노동자의 동맹파업 신문 기사

발생일	신문명	기사내용	비고
1921.3.10(목)	매일신보 1921.3.14	인천 조선성냥 / 150명 지배인의 부당한 대우	3월 11일 복업
1921.3.23(수)	동아일보 1921.3.23	대구 동아성냥 / 45명 인구 인하 반대	3월 24일 복업
1926.4.02(금)	동아일보 1926.4.24	인천 조선성냥 / 200여명 임금 인하 반대	4월 5일 복업 700여 명 해고
1926.4.12(월)	동아일보 1926.4.30	인천 조선성냥 / 200명 임금 인하 반대	4월 27일 복업 10여 명 복업 불참
1931.8.15(토)	경성일보 1931.8.27	인천 조선성냥 / 180명 임금 인하 반대	8월 26일 복업 9월 1일 전원 해고
1932.5.02(월)	매일신보 1932.5.03	인천 조선성냥 / 360여명 임금 인상, 8시간 노동제	320명 신규 모집 5월 17일 취업
1938.7.11(월)	동아일보 1938.7.14	부산 부산성냥 / 150여명 공장 휴업 임금 지급 요구	

출처 : 논문 〈일제 강점기 인천 성냥공장 여성노동자들의 파업〉 p.302

동자들은 일본 경찰에 구속되었다.

조선인촌주식회사의 여성 노동자 파업이 일어난 지 불과 13일 후인 3월 23일, 대구의 동아성냥에서 일하는 45명의 노동자가 또 파업을 일으켰다. 경제 대공황을 이유로 임금을 15퍼센트나 삭감하자 반발한 것이다. 이들 역시 다음 날 업무에 복귀하긴 했지만 갈등의 불씨는 여전히 남긴 채였다.

1926년 4월, 5년 전 파업을 했던 조선인촌주식회사에서 다시 파업이 발생했다. 지난번보다 훨씬 규모가 큰 남녀 노동자 200명이 가담했다. 임금을 10퍼센트나 삭감한다는 회사의 일방적인 조치에 항의하기 위해서였다. 하지만 회사는 이번에도 버텼고 결국 며칠 후 130여 명의 노동자가 업무에 복귀하면서 일단락되었다. 회사는 복귀하지 않은 70여 명에게 해고 조처했다. 이후 복귀한 성냥 공장 노동자들은 임금이 계속 하락하자 또다시 파업을 일으킨다. 이번에도 며칠을 버텼지만 10여 명을 제외하고는 모두 공장으로 돌아갔다. 그나마 이번에는 조선일보나 시대일보 같은 조선인이 발행하는 신문에 자세한 기사가 실렸다. 노동자들은 하루에 열 시간 넘게 일해도 쥐꼬리만 한 임금만 손에 쥘 수 있지만 회사는 앉아서 이득을 보는 일이 지속될 것이라는 비판적인 내용이었다.

1926년의 파업도 결국 무산되고 회사가 승리했지만 오래가지 못했다. 1931년 8월에 또다시 여성 노동자들을 중심으로 파업이 일어난 것이다. 역시 경제 불황을 이유로 임금을 삭감한 것에 대한 반발이었다. 그 전 해에 임금을 삭감한 것은 참았지만 노동자들은 더 이상 견디지 못했다. 170여 명의 여성 노동자들이 파업하자 회사는 황급히 임금 인하 조치를 취소했다. 이번에는 무려 성냥 공장을 열흘이나 점거하면서 파업했는데, 파업이 길어지면서 손해가 이만저만이 아니게 되자 회사가 손을 든 것이다. 언뜻 보면 노동자가 승리한 것처럼 보이지만 실상은 전혀 달랐다. 앙심을 품은 회사가 파업에 가담했다가 복귀한 여성 노동자 모두를 해고하고 새로운 노동자를 고용한 것이다.

그러나 새로 뽑은 노동자들 역시 다음 해인 1932년 5월, 8시간 노동제 실시를 요구하며 파업을 일으켰다. 일본 경찰과 매일신보는 소수 인원들이 갑작스럽게 파업을 한 것이라고 했지만 작년보다 더 많은 360여 명이 파업에 참여했다. 회사 측은 이번에도 가담자 전부를 해고하고 320여 명을 새로 고용하는 것으로 대응했다. 여성 노동자들이 반복적으로 파업을 벌인 것은 이들이 남달랐기 때문이 아니다. 일본인과 남성보다 적은 임금을 비롯하여 각종 갑질에 시달렸기 때문이다. 그들은 성냥의 작은 불꽃처럼 자신의 권리를 지키기 위해 투쟁했다. 그러나 그 결과는 조롱이거나 건조한 내용의 파업 기사였다. 전자의 내용을 실은 곳은 매일신보 같은 총독부의 기관지였고 후자의 내용을 실은 곳은 조선인이 운영하는 신문이다. 만약 당사자가 그 기사를 보았다면 어찌 속이 터지고 분노하지 않았을까? 이런 탄압에도 불구하고 투쟁은 계속되었다.

1938년에는 부산성냥 공장의 노동자 150여 명이 파업을 벌였다. 공장이 이런저런 사정으로 휴업하면서 실질 임금이 삭감하자 이에 대한 보상을 요구한 것이다. 회사 측은 성냥 판매가 부진해서 쉬는 날이 많아진 것이라 변명했지만 성냥 부족 사태로 가격이 껑충 뛰던 시기였고 조선총독부가 성냥 제조 사업에 관여하면서 판매 가격을 정했기 때문에 사업이 부진하다는 것은 치졸한 변명에 불과했다. 결국 성냥의 제조와 판매, 그리고 그걸 만드는 노동자들이 처한 환경은 식민지를 수탈하고 착취하려는 일본의 입김이 작용한 것에 지나지 않는다.

이러한 현실에도 소비자인 조선인들은 엄청나게 가격이 오른 성냥을 울며 겨자 먹기로 사야만 했다. 하루에 10시간 넘게 일하는 성냥 공장의 노동자 또한 툭하면 임금이 삭감되는 상황에 속수무책이었다. 이 시기 성냥의 작은 불꽃에 담긴 암울하고 끔찍한 진실이다.

¶ 해방 후의 성냥

1945년 8월 15일, 일본이 연합국에 무조건 항복한다. 기나긴 태평양 전쟁이 끝남과 동시에 조선은 광복을 맞이했다. 하지만 해방은 극심한 혼란의 소용돌이였다. 일본의 항복은 갑작스럽게 닥쳐왔고 아무도 그 이후를 준비하지 못한 것이다.

조선에 주둔한 미군정청은 관리인들을 파견해 성냥 공장들을 매각했으나 광복의 혼란 속에서 성냥 공장들은 제대로 가동되지 못했다. 관리인의 역량이 부족한 경우도 있었고 그렇지 않다고 해도 원료의 수입이 원활하지 않았고 설상가상 일본인은 조선인에게 제대로 기술을 전수해주지 않고 떠났기 때문이다.

성냥 가격은 또다시 치솟았고 미군정 역시 일본처럼 성냥 배급제를 실시해야 했다. 제대로 운영하는 공장도 있었지만 상당수는 어려움을 겪었다. 그 사이 노동자들은 공장에서 기계를 들고 나가 소규모 성냥 공장을 차리거나 기계를 구입해서 사업을 하는 경우도 있었다. 문제는 원료였다. 나무는 그렇다 쳐도 염소산칼륨 같은 재료는 수입해야 했는데 일본은 국교가 수립되지 않아 수입이 불가능했다. 결국 마카오를 통해 수입에 성공했는데, 이 시기 배가 들어오는 곳이 인천항이라서 이곳에 성냥 공장들이 잔뜩 들어섰다.

한국 전쟁이 끝나고 나서도 인천 지역 성냥 공장들은 여전했다. 하지만 일본과의 국교가 수립되면서 상황이 변했다. 일본과 가까운 부산을 통해 염소산칼륨이 수입되면서 서서히 뒤로 밀려난 것이다. 하지만 그것보다 더 큰 이유는 라이터의 등장에 있다. 특히 1946년에 처음 등장한 가스라이터는 기존의 기름 라이터와는 비교할 수 없을 만큼 편리했다. 성냥은

● 유엔 성냥을 비롯해서 우리의 기억에 남은 성냥들 ⓒ 국립민속박물관

차츰 사람들에게서 멀어지기 시작했다.

물론 이후로도 성냥은 오랫동안 살아남았다. 극장 휴게실이나 술집에 재떨이와 성냥이 함께 놓여있기도 하고 다방에는 손님들을 위한 성냥이 늘 준비되어있었다. 아예 테이블 위에 팔각형 유엔 성냥갑이 놓인 경우도 있어 친구나 애인을 기다리다 심심하면 성냥을 우물 정(井) 모양으로 쌓기도 했다. 그러다가 금연이 장려되고 실내에서의 흡연이 금지되면서 사람들은 성냥 대신 간편하고 편리한 라이터를 주머니에 넣고 다니기 시작했다.

한때 수십 개에 달하던 성냥 공장은 자취를 감추고 말았다. 근대의 기억을 활활 불태우고 꺼진 성냥처럼.

¶ 최후의 성냥 공장

한국전쟁이 끝난 다음 해인 1954년 2월, 경북 의성에 북한에서 피난을 내려온 실향민 몇 명이 힘을 합쳐서 성광성냥공업사를 설립했다. 초창기에는 벽돌 공장 한구석에 자리를 잡고 성냥을 만들었다. 노동자도 열 명이 넘지 않은 수많은 성냥 공장 중 하나였다. 초창기에는 기계도 부족하고 원료 수급도 어려워 기껏해야 150갑 정도밖에는 생산하지 못했다.

하지만 근면 성실한 창업주들과 성냥 수요의 증가로 곧 급

성장을 맞게 된다. 1959년에는 같은 지역에 있는 동광성냥공업주식회사를 인수하고 그곳으로 공장을 이전하면서 본격적으로 성장의 길을 걸었다. 전성기인 1970년대에는 공장에서 일하는 노동자만 160여 명에 달했고 통근 버스를 운영할 정도였다. 오리 모양의 향로에 불이 활활 타는 로고가 그려진 향로 성냥은 성광성냥공업사의 효자 상품이었다.

성광성냥공업사는 종이나 골판지를 이용해서 성냥갑을 만드는 다른 회사와는 달리 나무로 성냥갑을 만들었다. 습기에 강하고 물에 젖어도 안에 있는 성냥을 안전하게 보관할 수 있었기 때문에 큰 인기를 끌었다. 하지만 성광성냥공업사의 전성기는 1980년대부터 서서히 저물었다. 편리한 가스라이터가 등장하고 전기가 보급됨에 따라 성냥 쓸 일이 줄었기 때문이다.

이전에는 정전에 대비해 양초와 성냥을 준비했지만 그럴 일도 거의 없고, 연탄보일러에서 기름보일러를 거쳐 도시가스로 난방 방식이 바뀌면서 연탄이나 번개탄의 불을 붙이기 위해 사용하던 성냥도 필요 없어졌다. 결정타는 중국산 수입 성냥이었다. 중국은 인건비가 국내와 비교가 안 될 정도로 저렴했기 때문에 가격 경쟁력이 떨어졌다. 결국 우리에게 잘 알려진 팔각형 통의 유엔표 성냥을 비롯해 많은 성냥이 시장에서 사라졌다. 남은 성냥 공장들은 대부분 공장 설비를 해외에 판매하고 중국산 성냥을 수입해서 포장 판매하는 정도에 그쳤다. 향로 성냥을 제조하던 성광성냥공업사 역시 2013년 가동을 중단

● 의성 성광성냥공업사의 전성기 ⓒ 경북 의성군

● 지금은 산업유산으로 남은 성광성냥공업사 ⓒ 경북 의성군

했다. 현재는 문화거점으로 재탄생할 준비를 하고 있다.

이제 성냥은 사라졌다. 요즘 성냥은 케이크에 꽂은 초와 동봉되는 정도가 고작이다. 처음 선보였을 때는 세상에 대변혁을 가져왔지만 지금은 더 편리한 것에 밀려 자취를 감추었다. 근대 역시 성냥과 처지가 비슷하다. 한때는 모던했지만 지난 세월이 되고 말았다. 그렇다고 성냥의 가치가 사라진 것은 아니다. 불을 편리하게 사용함으로써 세상을 바꾸고 삶의 방식을 바꾸었던 그 가치를 우리는 기억하고 있다.

재봉틀

할부제를 통해 다가온 신식 문물

외국에서 수입된 재봉틀은 혁명적이었다. 동시에 엄청난 고가
품이었다. 조선과 일본에 재봉틀을 팔던 싱거사는 할부 판매라
는 방식을 써서 주부들의 주머니를 공략했다. 옷을 일일이 뜯어
서 세탁한 후에 다시 바느질해야 했던 당시에 재봉틀은 할부로
라도 사고 싶은 주부들의 꿈이었다.

¶ 바늘을 위한 제문

아깝다 바늘이여, 어여쁘다 바늘이여, 너는 미묘한 품질과 특별한 재치를 가졌으니 물중(物中)의 명물(名物)이요, 철중(鐵中)의 쟁쟁(錚錚)이라. 민첩하고 날래기는 백대의 협객(俠客)이요, 굳세고 곧기는 만고의 충절이라. 추호(秋毫) 같은 부리는 말하는 듯하고, 두렷한 귀는 소리를 듣는 듯한지라. 능라와 비단에 난봉과 공작을 수놓을 제, 그 민첩하고 신기함은 귀신이 돕는 듯하니, 어찌 인력의 미칠바리요. 오호 통재(慟哉)라.

안타까움과 슬픔이 절절히 느껴지는 위의 글은 유씨 부인이라는 사람이 순조 연간, 19세기 초반부터 중반 사이에 쓴 〈조침문〉이라는 글이다. 청나라에 사신단으로 갔다 온 시삼촌이 선물해준 청나라제 바늘을 쓰다가 그만 똑 부러져버린 것이다. 안타깝고 속상한 마음에 유씨 부인은 마치 죽은 사람에게 쓰는 제문처럼 바늘을 위한 제문을 썼다. 물론 양반가 출신인 유씨 부인의 경제적 상황이 바늘 하나 부러졌다고 안타까울 정도는 아니었을 것이다. 다만 협객이나 충절 같은 단어까지 써가면서 애도를 표했던 이유는 바느질에 있어 바늘이 갖는 중요성이 그만큼 컸기 때문이다.

인간이 처음 입은 옷은 아마도 짐승의 털가죽이나 나무껍질 혹은 이파리 같은 것이었으리라 추정된다. 시간이 흐르고 흘러 인간은 실을 뽑고 그걸로 옷감이라는 걸 만들어 입었다. 그러자 바느질이 중요해졌다. 사람이 입을 수 있는 옷으로 탄생시키려면 실로 옷감을 연결해야 했기 때문이다. 바느질은 오랫동안 앉아서 해야 하는 일이라서 자연스럽게 여성의 몫이 되었다. 가난한 여성에게는 생계의 수단이 되기도 했다. 유씨 부인 같은 양반가 여성에게는 지루한 시간을 함께해주는 동반자 역할도 했다. 남녀 구분과 차이를 명확히 했던 조선 시대에 접어들면서 바느질은 전적으로 여성의 몫이 되었다. 신분 고하를 막론하고 여성이라면 바느질을 잘해야 했던 터라 조선 시대 여성들이 쓴 책이나 수필에는 바느질과 바늘이 자주 언급되었다.

성종의 어머니인 소혜왕후가 쓴 여성 교육서 《내훈》에는 당시 조선에서 원하는 여성상에 관한 여러 가지 내용이 나온 다. 그중에 여자는 열 살이 되면 실과 골풀을 다스리며 베와 비단을 짜고 곱고 가는 끈이나 굵은 끈을 꼬며 여자의 일을 배워서 의복을 만들어 바쳐야 한다는 이야기가 있다. 열 살이 되면 바느질해서 옷을 만들어야 하는 것이 여자의 도리라는 것이다. 의류회사나 양복점, 의상점 등이 없는 시대였으니 집 안의 누군가는 옷을 만들어야 했다. 삯바느질을 맡기는 경우 가 있긴 했지만 아무리 부유층이라고 해도 가족이 입는 옷을 타인에게 만들게 하는 것은 손가락질받을 행동이었다. 게다가 당시 옷들은 세탁하려면 실을 다 뜯어서 해체한 다음 빨래를 하고 잘 말린 후 다시 바느질해야 했다. 그래서 바느질은 네 버 엔딩 스토리이자 굴레 같은 것이었다.

성리학의 대가라 일컬어지는 우암 송시열은 안동 권씨 집 안으로 시집을 가는 큰딸에게 《계녀서》라는 제목의 책을 써준 다. '경계할 계(戒)'를 쓴 이 책은 글자 그대로 여성이 경계해 야 할 것들을 알려주는 책으로 지아비와 시부모를 섬기는 도 리를 나열했다. 그중에는 남편의 의복이 누추하면 부인을 업 신여긴다면서 남편이 외출할 때는 항상 의복을 살펴야 한다 는 내용도 나온다.

이 책이 아니더라도 옷을 만드는 것은 부녀자의 소임이며 당연한 도리라고 적은 책들이 적지 않다. 《여사서》라는 책에는 바느질이 거칠고 조잡하면 인간성을 의심받으며 가문의 수치라는 말까지 덧붙였다. 바느질을 못 하면 사람들의 손가락질을 받으며 마을의 웃음거리가 된다는 것이다.

그 밖에도 조선 시대 여러 책에는 바늘을 오랫동안 녹슬지 않게 보관하는 방법이라든지 엉킨 실을 쉽게 푸는 법이 적혀 있다. 그렇게 바느질은 조선 여성에게 숙명이자 굴레였다. 바느질을 잘하느냐 못하느냐에 따라서 평가가 달라졌기에 어린 시절부터 바느질에 열심히 하였다.

유씨 부인이 애지중지하던 청나라 제 바늘이 부러져 속상해 제문을 짓고 있을 무렵인 1846년, 미국의 기술자인 일라이저스 하우Elias Howe가 바늘구멍에 실을 꿰어 촘촘하게 바느질하는 기술을 개발해서 특허를 받는다. 오늘날의 재봉틀이 탄생한 것이다. 유씨 부인의 부러진 바늘을 대체할 새로운 물건이었다.

¶ 쏘잉 머신에서 재봉틀까지

재봉틀이 우리에게 소개된 것은 1877년이다. 강화도 조약을 맺은 일본에 수신사를 보냈는데 이를 따라간 김용원이라는 사람이 재봉틀을 가지고 들어온 것이 최초라고 알려져 있다. 제품에 대한 이야기는 남아있는 것이 없지만 아마 당대 가장 알려져 있던 싱거사 제품일 가능성이 높다.

정교한 바느질로 순식간에 옷감을 꿰매는 재봉틀은 곧 소문이 났다. 당시 재봉틀을 처음 본 사람들이 어떤 감정을 느꼈을지는 어렵지 않게 짐작할 수 있다. 드르륵거리며 순식간에 바느질이 되는 걸 다들 눈을 크게 뜨고 감탄했을 것이다. 대체 어떤 방식으로 작동되는지 궁금해하다가 서양 귀신이 조화를 부린다고 생각했을지도 모른다. 개항 이후 물밀듯이 쏟아져 들어오는 박래품들 사이에서도 재봉틀은 단연 사람들의 눈길을 끌었다. 당시 조선 사람들, 특히 여성에게 중요한 일거리였던 바느질을 수백 배는 빠르고 정확하게 해준 물건이었으니 말이다.

무엇보다 재봉틀은 촘촘한 바느질이 가능하다는 점이 매력적으로 비쳤다. 앞서도 말했듯이 당시 옷들은 일일이 뜯어 빨래한 후 다시 바느질해 입어야 했다. 그렇게 해야 했던 이유는 바느질이 약했기 때문이다. 빨래하는 과정에서 옷이 훼손되는 걸 막으려면 미리 뜯어내는 수밖에 없었다. 세탁기나 세제, 뜨거운 물조차 구하기 어려웠던 시절임을 감안하면 빨래가 얼마나 힘든 일이었을지 짐작하기 어렵지 않다.

그런데 재봉틀의 바느질은 워낙 촘촘하여 옷을 뜯지 않아도 세탁을 할 수 있었다. 이는 여성의 일을 획기적으로 덜어주었다. 아울러 촘촘한 바느질을 빠른 속도로 할 수 있었으니 당시 여성이라면 아무리 서양 귀신이 만든 물건이라 해도 가지고 싶었을 것이다. 한성순보 같은 신문이나 유길준이 쓴

《서유견문》을 보면 앞서가는 서양의 기술을 설명할 때 늘 재봉틀이 등장한다.

개항 이후, 조선에는 일본을 비롯한 서양 상인들이 들어와 자국 혹은 다른 나라의 물품을 수입해서 판매했다. 그중에는 바늘이나 석유램프, 성냥, 재봉틀도 있었다. 독립신문이나 황성신문에는 재봉틀을 판매한다는 외국인 수입상들의 광고가 실렸다. 이화학당을 비롯한 여학교에서는 재봉틀을 사용하는 법이 자수를 놓는 법과 함께 과목으로 지정되었다.

하지만 재봉틀이 대중화되기까지는 시간이 좀 걸렸다. 재봉틀이라는 명칭 역시 자리 잡는 데 시간이 걸렸다. 재봉틀과 함께 쓰인 용어는 '미싱기'였다. 미국에서는 재봉틀을 '쏘잉 머신Sewing-machine'이라고 불렀는데 기계를 뜻하는 '머신machine'을 일본에서는 '미싱ミシン'이라고 부른 것이다. 우리나라에서는 자봉침, 자봉기, 자봉틀, 재봉침, 재봉기, 재봉틀 등으로 불리다가 '재봉틀'로 정착되었다. '머신'이 아니라 '틀'이 된 것은 아마도 베를 짜는 '베틀' 같은 개념으로 이해했기 때문이 아닐까 싶다.

¶ 하우와 싱거

거부감이 적은 박래품이었지만 재봉틀은 고가의 상품이었

다. 미국을 비롯한 유럽에서도 월부제를 도입할 정도로 만만치 않은 가격이었는데 수입에 따른 물류비용까지 더해졌으므로 일반 가정에서는 엄두도 내지 못할 만큼 비쌌다. 그래서 초창기에는 이화학당 같은 외국인 선교사들이 운영하는 여학교나 외국인들의 집에서 볼 수 있었다. 이런 상황에 변화가 찾아온 것

● 아이작 메릿 싱거

은 재봉틀계의 끝판왕이라고 할 수 있는 싱거Singer 사가 움직이면서부터이다.

앞서 설명한 대로 제대로 된 재봉틀을 발명한 이는 일라이저스 하우이다. 아이작 메릿 싱거Isaac Merritt Singer는 후발 주자 중 한 명이었다. 그런데 우리는 재봉틀 하면 싱거를 떠올리지 하우가 생각나지 않는다. 하우도 재봉틀의 첫 발명가는 아니었다. 18세기 후반부터 재봉틀에 대한 도전이 시작되었고 여러 명이 실패했다. 그러다가 1830년 프랑스 파리의 재단사 바르텔레미 티모니에가 오늘날과 유사한 재봉틀을 만드는 데 성공한다. 하지만 당시에는 기계가 사람의 직업을 빼앗아 간다며 기계 파괴 운동이 벌어지는 와중이었다. 재봉사들의 격렬한 반대와 시위에 의해 티모니에는 결국 재봉틀의 상업화

에 실패한 채 세상을 떠나고 만다. 하지만 그가 사업을 위해 여러 투자자에게 재봉틀의 개념을 설명한 후여서 다른 도전자들이 생겨났다.

미국 매사추세츠주에서 태어난 일라이저스 하우는 어린 시절부터 기계를 잘 다루었다. 집에서 아내가 바느질하는 것을 옆에서 지켜보던 그는 재봉틀에 대한 아이디어를 떠올렸고 오늘날과 거의 유사한 재봉틀을 만드는 데 성공한다. 하지만 역시 재봉사들의 반대와 비싼 가격 때문에 상업화는 지지부진했다. 투자자를 찾아 영국으로 건너갔지만 그곳에서도 실패한 채 빈손으로 귀국했다.

그런데 그가 미국을 떠난 사이 여러 명의 사업가가 그의 아이디어를 도용한 재봉틀을 판매하고 있었다. 그 와중에 아내까지 잃은 하우는 크게 분노했고 소송을 시작했다. 소송 상대 중 한 명이 아이작 메리트 싱거다. 그는 하우처럼 전문적인 기술자는 아니었다. 하지만 여러 직업을 전전하면서 다양한 경험을 쌓았다. 그러다가 우연히 재봉틀에 대해 알게 되었고 장래성이 있다고 확신하자 하우가 만든 재봉틀에서 몇 가지 단점을 보완한 다음 자신의 이름을 딴 회사를 만들었다.

싱거가 제작한 재봉틀은 다른 회사 제품보다 사용하기 편리하다는 평가를 받았다. 사업 감각이 뛰어난 그는 고급스럽게 꾸민 재봉틀 전시회를 개최하는 등 다양한 방식으로 사업을 확장해나갔다. 하지만 높은 가격은 주부들의 구입을 망설이게 했다.

싱거는 여기서 탁월한 아이디어를 생각해낸다. 바로 할부 제도이다. 할부 제도는 즉 재봉틀 대금을 한꺼번에 받지 않고 매달 나눠서 받는 것이다. 신용카드가 없던 시절 돈을 여러 번 나누어 낸다는 아이디어는 매우 혁신적이었고 당장 큰돈이 없어도 재봉틀을 구매할 수 있다는 사실에 주부들은 열광했다.

싱거의 성공은 재봉틀을 고안해냈던 하우의 심기를 불편하게 만들었다. 결국 하우는 싱거를 특허권 침해로 고소했다. 싱거는 온갖 수단을 써서 회피하려고 했지만 도용한 사실이 명백했기 때문에 결국 패소하고 말았다. 이후 싱거는 하우에게 배상금을 지급하고 판매되는 재봉틀마다 일정한 금액의 로열티를 지급하기로 했다. 비용이 들긴 했지만 특허 도용 문제에서 자유로워지자 싱거는 좀 더 공격적으로 판매에 나섰다. 때마침 미국에서 남북전쟁이 터지면서 군복에 대한 수요가 엄청나게 늘었고 그 수요를 감당한 것이 싱거의 재봉틀이다. 법정에서 다툼을 벌이기는 했으나 하우와 싱거는 나란히 큰돈을 벌고 은퇴했다. 하지만 재봉틀을 대중화시킨 영광은 싱거에게 돌아갔고 그의 이름은 재봉틀 그 자체로 역사에 남았다. 복사기를 제록스나 신도리코, 승합차를 봉고라고 부르는 것처럼 사람들은 쏘잉 머신을 싱거라고 불렀다.

¶ 싱거 재봉틀

전 세계에서 가장 많은 재봉틀을 제작하고 판매하던 싱거 사는 신흥 시장인 조선에 눈독을 들인다. 조선에 진출할 준비를 한다는 뉴스가 전해지고 몇 년 후인 1905년, 싱거사가 본격적으로 진출한다. 한글로 된 사용설명서를 만들고 한성에 지점을 세우는 것을 시작으로 다양한 판촉 활동으로 재봉틀의 수요를 늘려나갔다. 수백만 대의 재봉틀을 생산하는 세계적인 기업이라는 사실은 낯선 기계를 들이기에 망설이던 주부의 마음을 열게 했다. 물론 싱거사가 할부 판매를 도입하고 제품의 성능만을 부각한 것은 아니었다.

싱거사는 바느질을 빨리할 수 있는 기계를 사는 것이 아니라 새로운 문명을 받아들이자는 식의 광고를 전개해나갔다. 재봉틀을 이용해 가족의 옷을 직접 만들어 입어야 나라가 부강해지고 산업이 발전한다는 논리를 내세운 것이다. 당시 대한제국은 서양의 기술을 서둘러 습득해 자립하자는 '광무개혁'이 진행 중이었다. 사회적 분위기도 서구의 기술을 적극적으로 받아들이자는 것이었던 터라 재봉틀은 폭발적인 인기를 끌었다. 거기다 싱거사의 할부 제도는 가격 장벽을 뛰어넘었다. 초창기에는 법적 요건이 마련되지 않아 할부제를 실시할 수 없었으나 1907년 할부제가 정식 승인되었다. 전성기의 싱거사는 미국 내에서는 60퍼센트, 전 세계로 보면 90퍼센트의

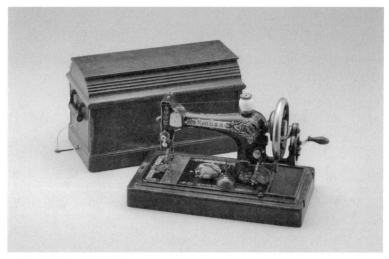

● 싱거 재봉틀 ⓒ 국립민속박물관

점유율을 자랑하는 대기업이었다.

싱거사는 다양한 방식으로 재봉틀을 선전하고 판매했으며 효율적으로 할부 대금을 수금할 수 있는 능력과 노하우를 가지고 있었다. 우선 싱거사는 자사의 재봉틀을 잠재 고객이 최대한 많이 접하게 했다. 외교원이라고 부르는 세일즈맨이 싱거사의 재봉틀을 가지고 가정집을 방문하도록 했는데 이때 '여교사'라고 부르는 여성이 동행해 재봉틀 사용법을 알려주었다. 이들은 싱거사가 제작한 매뉴얼에 따라 고객을 방문하고 응대했다. 고객이 흥미를 보이면 재봉틀을 직접 사용해보도록 했으며 구매하면 여교사가 사용법을 알려주었다. 고객 입장에서 보면 집안에서 편안하게 제품을 고르고 선택할 수 있으니 이는 대단히 효과적인 마케팅 방법이었다. 여성의 바깥출입이 자유롭지 않던 시대적 상황과 맞물려 싱거 재봉틀 판매량은 빠르게 증가했다.

싱거사 이전에 재봉틀을 수입해 판매한 이들은 조선에 있던 외국인이나 일본인이었다. 이들은 수입 가격에 이윤까지 남겨야 했으므로 가격을 비싸게 매길 수밖에 없었고 사용법이나 고장 시 수리에 대한 응대도 약할 수밖에 없었다. 반면 싱거사는 경성에 지점을 세워 직원들을 파견했고 지방에는 '연쇄점'이라는 명칭의 출장소를 두고 직원들을 관리했다. 외교원과 여교사가 싱거 재봉틀을 팔고 집금원이라고 부르는 수금원이 할부 대금을 걷으러 다니는 식으로 자체 영업망을 통해 재봉틀을 판매한 것이다. 1930년대 싱거사의 지점은 200여 개, 직원은 2,000여 명에 달했다.

출장소가 늘어나면서 경성 지점 역시 확장되었다. 싱거사가 독자적인 지점과 영업망을 갖출 수 있었던 데는 비록 식민지였지만 조선에서의 재봉틀 판매량이 일정 수준 이상이었기 때문이다. 외교원이나 집금원의 급여 또한 재봉틀을 판매하거나 수금해 와야 일정 금액을 받는 수당 형태였기 때문에 고용 인원이 늘어난다고 해도 비용에 부담이 되는 것은 아니었다.

1919년 1만 8,000여 대의 재봉틀을 판매한 후 다음 해부터 반토막이 났으나 싱거사는 1년에 8,000대에서 1만 1,000여 대를 꾸준히 판매했고, 1935년에는 1만 6,000여 대, 그다음 해에는 2만 2,000여 대를 판매했다. 1937년에는 2만 5,000여 대까지 늘어났는데 같은 시기 일본에서는 4만여 대의 판매량을 보였다. 한일 간의 경제력과 인구수를 감안하면 조선에서의 판매량은 결코 적은 수량이 아니었다.

조선의 재봉틀 시장을 노리고 진출한 경쟁자들은 모두 고배를 마셨다. 러시아가 저렴한 가격을 앞세워 판촉을 시도했고 독일과 프랑스 역시 진입을 한 상태였다. 하지만 싱거사는 강력한 영업망과 다양한 판촉 활동을 통해 압도적인 점유율을 유지해나갔다.

¶ 학생들을 재봉틀 앞으로

조선 여성의 미덕이 바느질이었다면 근대 여성이 반드시 익혀야 할 기술은 재봉틀이었다. 외국인 선교사들은 주로 학교를 세워 교육을 통해 선교해나갔는데 여학교의 경우 재봉틀을 다루는 기술을 익히도록 했다. 대한제국 정부가 세운 관립학교나 우후죽순 생긴 사립학교도 여학교인 경우 반드시 재봉 수업을 넣었다. 특히 조선을 식민지로 집어삼킨 일본은 조선을 일본의 하청 공장 내지 생산 기지 정도로 바라보고 과학 기술이나 고급 교육을 하는 대신 반복 작업 정도의 간단한 기술 교육을 시켰는데 재봉틀은 그런 일본의 입맛에 딱 맞는

● 총독부 제생원 맹아부 재봉 수업 광경 ⓒ 서울역사박물관

기계였다.

　1911년 일본은 조선교육령을 발표하면서 여자고등보통학교의 경우 일정 시간 재봉 수업을 하도록 했다. 시간이 지날수록 재봉 수업은 더욱 늘어나 나중에는 당시 국어였던 일본어 시간 다음으로 많아졌다. 조선인 여학생들은 점차 재봉틀을 잘 다루는 기술자로 양성되었다.

¶ 재봉소와 내재봉소

싱거사가 본격 진출한 후 재봉틀은 여성의 삶을 바꾸어 놓았고 이는 두 갈래 측면으로 살펴볼 수 있다.

우선 여성이 짊어진 짐이 더 무거워 삶이 더 고단해졌다. 가족의 옷을 만드는 것은 물론 생계유지를 위해 옷을 만들어 팔거나 수선하는 일까지 해야 했다. 다른 측면은 여성들이 재봉틀을 통해 경제적 자립의 길을 걷게 되었다는 것이다. 당시 여성이 선택할 수 있는 직업이 극히 한정적이었고 재봉 기술은 높은 학력 등의 조건이 필요 없었으므로 많은 여성에게 재봉틀은 자립의 기회 혹은 생존의 수단이 될 수 있었다. 즉 재봉틀은 꿈과 희망의 상징이기도 했지만 다른 한편으로는 예속과 속박의 굴레였다.

여기에 맞물려 싱거사는 1914년 재봉학교를 열고 여성에게 재봉 기술을 가르쳤다. 황금정(현재의 을지로)에 세워진 재봉학교에서 보통과와 고등과, 자수과로 나누어 수강생을 모집했는데 직업을 구하고자 하는 많은 여성이 이곳의 문을 두드렸다. 그렇게 싱거사의 판촉 활동을 중심으로 재봉틀은 식민지 조선의 곳곳에 뿌리를 내린다. 재봉소와 내재봉소는 그 흔적의 한 조각이다.

재봉틀 앞에서는 모두가 공평했다. 열심히 잘한다는 소문이 나면 일거리가 늘었다. 몇 가지 상황이 변한 것도 여성을 재봉틀 앞에 앉도록 만들었다.

일단 경성의 인구가 늘어났다. 일본 식민지가 되면서 도성이나 황성으로의 위상을 지녔던 한성이 도(都)의 한 도시로 격하되어 경성으로 이름이 바뀌었지만, 그런 것에 아랑곳하지 않고 경성은 식민지 조선의 거점 도시로 성장한다. 일본에서 건너온 관리와 사업가, 그들의 가족은 물론 새로운 기회와 직업을 찾기 위해 지방에서 올라온 조선인들로 경성은 늘 북적거렸다. 이들은 직접 옷을 만드는 대신 주문해서 입었다. 낯선 서양식 의복은 만들래야 만들 수 없던 것도 이유가 되었다. 이를 간파한 싱거사는 강습회를 열어 서양식 의복을 만드는 방법을 가르치기도 했다.

이에 따라 각종 의복을 만드는 여성들의 작업장인 재봉소가 늘어났다. 혼자서 하는 작은 규모의 재봉소가 대부분이었지만 몇몇 재봉소는 직원을 고용할 정도로 컸다. 작업장을 구할 여유가 없고 낯선 사람과 직접 만나는 걸 꺼리는 여성은 집 한구석에 재봉틀을 가져다 놓고 일했다. 이는 재봉소와 여러모로 대치되는 개념이라서 집안의 재봉소라는 의미를 담아 '내재봉소'라고 불렀다.

1930년대 경성 골목길 곳곳에는 내재봉소라는 종이가 붙

● 재봉질하는 모습 ⓒ 한국민족문화대백과사전

은 집들이 늘어나기 시작했다. 글자 그대로 재봉틀로 바느질을 대신해주는 일로 먹고 사는 집이라는 뜻이다. 여성의 직업이 그나마 다양해졌지만 여교사나 공장 노동자, 전화 교환수, 간호사 정도를 제외하면 술집 웨이트리스나 기생같이 당시로서는 손가락질받는 일이 주를 이루던 시기였다. 나이 든 여성에게는 더더욱 직업의 기회가 주어지지 않았다. 하지만 내재봉소는 앞서 이야기한 장점들이 있었다. 사회적 분위기가 옷을 직접 만들어 입는 대신 다른 사람에게 맡기는 일이 많아졌고 서양식 의복에 대한 수요가 늘어났기 때문에 하청을 받는 형태의 내재봉소는 더욱 늘어났다. 기사에 따르면 남편과 사별한 30대 초반의 여인이 재봉틀로 한 달 동안 부지런히 번 돈이 여교사가 받는 것보다 약간 적었다고 한다. 이런저런 자격을 갖추지 않고도 그럭저럭 생계를 유지할 버팀목이 된 것이다. 아울러 사람들의 손가락질을 받을 일도 없어 재봉 일을 하는 여성은 점점 더 많아졌다.

¶ 할부 판매의 마법

싱거 재봉틀의 판매량이 급증한 결정적인 이유는 할부 판매였다. 1907년부터 시작된 할부 판매는 목돈을 들이지 않고도 재봉틀을 손에 넣을 좋은 기회였다. 당시에는 현금 또는 외상 매입하는 방법밖에 없었으므로 할부는 적잖이 낯선 방식이었다. 그래서 1920년대 신문을 보면 싱거 재봉틀과 관련한 사건 사고들이 정말 많이 나온다. 가장 흔한 사고는 재봉틀을 판매하는 외교원들 월부로 재봉틀을 판매한 것처럼 서류를 꾸며 넘긴 다음 전당포에 넘겨버리거나 판매 대금을 횡령하는 것이었다. 할부금을 수금하는 집금원 역시 돈을 받은 다음 몰래 빼돌리는 일이 빈번했다.

재봉틀을 할부로 구매한 고객 역시 문제를 일으켰다. 할부금을 다 갚기 전에 재봉틀을 전당포에 맡겨버리거나 팔아버리는 사람도 있었고 할부금을 못 갚겠다고 무작정 버티는 경우도 많았다. 채권회사는 할부금을 다 갚지 않은 재봉틀을 압류해버리기도 했다. 할부 판매 제도에 대한 이해 부족과 당장 눈앞의 이익에 욕심이 겹치면서 벌어진 일들이다.

어쨌든 이런 일들은 회사에는 손해라서 싱거사는 나름의 대책을 내놓았다. 일단 할부금을 다 지불하지 않으면 구매 완료 증서를 지급하지 않았다. 대금 지금이 완료될 때까지는 일종의 위탁 상태이며 할부금을 내지 않을 경우 도로 가져갈 수 있다는 걸 강조했고, 그동안 지불한 할부금 또한 돌려주지 않는다는 조건도 걸었다. 즉 성실하게 할부 대금을 내지 않으면 고객은 손해를 봐야 했다.

당시 신문에 재봉틀 관련 사건 기사들이 많은 건 그만큼 재봉틀이 보편화되었다는 걸 의미한다. 싱거사가 시작한 할부 판매는 곧 다른 상품에서도 차용되었다. 재봉틀만큼이나 비싼 라디오나 전축, 시계 같은 고가품, 양복 등이 그러했다.

할부 판매에 대한 비판적인 의견도 많았다. 언뜻 보면 대금을 나누어 내는 것이니 소비자에게 도움이 되는 것 같지만 사실은 이자까지 내야 하는 것이라서 더 큰 비용을 지불하게 된다. 중간에 할부금을 갚지 못하면 상품을 빼앗기고 돈도 돌려받지 못한다. 더 큰 문제는 이런 식의 할부 제도가 감당할 수 없을 정도의 과소비를 유도한다는 것이다. 차라리 돈을 모아 한 번에 대금을 지불하고 상품을 사는 것이 절약이라는 주장도 덧붙여졌다.

하지만 예나 지금이나 사람들은 지금 당장 돈이 없어도 물건을 살 수 있는 할부 판매를 선호한다. 게다가 싱거사는 영리한 마케팅을 하지 않았는가. 현명한 부인이라면 남편과 아이의 옷은 직접 만들어 입히라고 말이다. 당시 여자들은 한복이나 아이들의 등교용 옷, 간단한 손수건 같은 것들은 충분히 만들 수 있었다. 바로 싱거사의 재봉틀로 말이다.

¶ 싱거 재봉틀의 천국

할부 판매와 적극적인 판촉 활동, 거미줄 같이 깔린 영업망 덕분에 1930년대가 되면 조선은 싱거 재봉틀의 천국이 된다.

● 학전상점. 학송(鶴松)표 재봉틀용 견사 판매처로 나사(羅紗) 도매, 양복부속품, 단추, 안감 등을 취급하였다. ⓒ 서울역사박물관

경성 지점의 위상은 매우 높아졌고 만주 지역까지 총괄하게 되었다. 정동에 아예 지하 1층에서 지상 2층으로 된 건물까지 지었다. 사무실 겸 조선에 파견된 상사원들의 숙소로 이용하기 위해서였다.

싱거 재봉틀의 아성에 일본 재봉틀 회사가 도전장을 내민 것도 바로 이 시기부터다. 오늘날 유명한 브라더사도 이때 조선에 진출했다. 일본은 조선을 지배하고 지리적 거리도 가까워 다른 나라의 재봉틀 회사보다 유리했다. 하지만 저렴한 가격과 국산이라는 타이틀을 내세웠는데도 초기의 일본산 재봉틀은 눈길을 끌지 못했다. 조선 사람에게 일본 제품을 국산이라고 해봤자 그저 그랬고 10년 넘게 시장을 독점한 싱거사의 신뢰가 그리 쉽게 무너지지도 않았다.

재봉틀은 고가의 상품이라서 고를 때 신중할 수밖에 없었고 가격만큼이나 품질을 따져야 했다. 일본 재봉틀 회사인 파인-쟈노메사가 "재봉틀 계에 경고!"라는 호기로운 광고를 하면서 등장했지만 고전을 면치 못한 이유다. 어떤 광고를 하든 싱거

● 남상점. 1912년 창업하여 싱거 재봉틀을 수입판매한 재봉틀
조선 총대리점 ⓒ 서울역사박물관

사는 제품도 다양했고 사용하는 사람도 많았기 때문에 최우선
구매 대상이었다. 전당포에서도 다른 회사의 제품보다 더 높은
값을 쳐주었다.

다른 재봉틀 회사 역시 할부 제도를 도입하고 지점과 출장
소를 세우는 등 싱거사의 판매 전략을 모방하고, 아울러 자사
의 재봉틀을 광고할 때 싱거사의 재봉틀을 비교 대상으로 언
급했다. 싱거사와 같은 방식을 사용한다든지 가격 대비 성능
이 뛰어나다는 식으로 말이다.

이렇게 거센 도전을 받았지만 싱거 재봉틀은 앞서 살펴본
대로 1930년대 접어들면서 판매량이 오히려 늘었다. 재봉소

와 내재봉소 대부분이 싱거 재봉틀을 구매해서 사용했고, 비슷한 시기에 늘어난 양복점 역시 싱거 제품으로 양복을 제작·판매했다. 싱거사는 높은 판매량을 기반으로 고객의 요구에 맞추어 다양한 재봉틀을 선보이는 선순환을 이루어냈다.

이 시기 신문에는 사용 안 하는 재봉틀을 보관하는 방법부터 자사가 주최하는 재봉 강습회 홍보, 재봉틀로 핸드백이나 장갑을 만드는 법 등을 소개한다. 아들의 통학복을 만드는 법, 지방에서 올라온 여 고학생이 여러 가지 일을 해서 모은 돈으로 재봉틀을 구매해 학비를 벌었다는 기사도 실렸다.

¶ 싱거의 황혼

영원할 것 같은 싱거 재봉틀의 위상을 흔든 것은 전쟁이다. 1930년대 후반 일본은 노골적으로 만주를 차지하고 중국을 침략했다. 서구 열강, 특히 태평양 지역에서 일본과 갈등을 벌이고 있던 미국이 이에 강력히 반발했다. 미국은 침략을 계속하는 일본에 경고 차원에서 전략 물자에 대한 수출을 금지했다. 하지만 일본은 부족해진 물자를 손에 넣기 위해 오히려 중국에 대한 침략에 열을 올렸다. 그러는 한편 미국에서 수입되는 물품과 원재료에 대한 관세를 인상했다. 이에 따라 싱거 재봉틀 가격도 올랐다.

이건 시작에 불과했다. 미국과의 갈등이 점점 심해지자 일본은 아예 미국 물품에 대해 수입제한 조처를 내린다. 이제는 가격이 문제가 아니라 시장에서 강제로 밀려나게 된 것이다. 일본과 미국이라는 고래 등 사이에서 싱거사는 철수를 결정하고 남은 재봉틀을 처분하기 시작했다. 하지만 철수하려는 상황이었던 터라 싱거사의 최대 장점인 할부 판매를 할 수 없어 판매량은 급감했다.

지점과 출장소도 철수해야 했다. 200여 곳이 넘던 출장소가 10곳 남짓으로 줄자 하루아침에 실업자가 될 처지에 놓인 출장소 직원들이 반발해 생존권을 보장하라고 요구했다. 하지만 미국 본사는 신경도 쓰지 않았다. 결국 아주 소수의 인원만 남고 직원 모두가 직업을 잃었다.

철수하더라도 싱거사는 조선과 일본에 있는 자산들을 처분하려 했지만 전쟁을 눈앞에 둔 일본의 방해로 수리용 부품의 수입마저 막히자 속수무책이었다. 아무리 점유율이 높고 품질이 좋아도 수리용 부품도 구할 수 없게 되자 싱거 재봉틀은 외면당했다. 재봉틀 판매량의 90퍼센트를 차지하던 싱거 재봉틀은 자취를 감추었다.

이때 일본 재봉틀 회사들이 활기를 띠고 등장한다. 이들은 싱거사가 철수를 결정하고 자산을 처분하던 시기에 맞추어 그 빈자리를 차지했다. 10퍼센트를 넘지 못하던 재봉틀 점유율이 한 해 만에 100퍼센트 가까이 치솟았다. 파인-쟈노메를 비롯해 브라더 재봉틀이 특히 선전했다.

그렇지만 일본 재봉틀 회사들의 호황은 오래가지 못했다. 태평양 전쟁이 터지면서 일본은 전쟁에 필요한 물자를 확보해야 한다는 이유로 재봉틀 생산을 중단하게 했다. 심지어 이미 생산한 재봉틀까지 군복을 만들어야 한다는 이유로 징발했다. 나중에는 아예 공장을 점유해 군복용 재봉틀을 만들라고 강요했다. 싱거라는 장벽을 넘자 전쟁이라는 더 큰 장벽을 만난 격이었다.

재봉틀이 필요하던 재봉소와 내재봉소, 일반 가정에도 발등에 불이 떨어졌다. 재봉틀을 구하지 못하는 것은 둘째 치고, 재봉틀용 바늘이나 실 같은 소모성 부품이나 수리용 부품도 구하기 어려워졌다. 당시 기사에는 재봉틀 회사의 광고 대신 오랫동안 재봉틀을 고장 내지 않고 사용하는 법이 자주 실렸다.

전쟁의 폭풍이 재봉틀을 집어삼킨 그때 한발 더 나아가 재봉틀을 다룰 줄 아는 여성과 여학생들을 '봉사'라는 명목하에 강제로 동원했다. 처음에는 방학 때 잠시 위문품용 옷을 제작하라는 정도였다. 하지만 시간이 지날수록 정규 수업 시간에도 군복을 제작하라고 강요했다. 다른 점령지에서 재봉틀을 수거해 조선과 일본으로 보내면서까지 말이다. 재봉틀이 있는 여성들에게도 반강제로 군복 만드는 일을 시켰다.

¶ 재봉틀의 해방

1945년 8월 15일 조선은 광복을 맞지만 재봉틀은 해방되지 못했다. 미군정 시기에도 재봉틀이 제대로 수입되지 못한 것이다. 미군정 시기 재봉틀은 가난한 집안의 마지막 생계 수단이었다. 힘들게 살아가던 집안의 딸이 어렵게 모은 돈으로 재봉틀을 샀지만 오빠의 학비와 아버지의 약값 때문에 다시 팔아야만 하는 상황을 더없이 비극적으로 묘사한 기사도 있었고, 집에 든 도둑이 반드시 훔치는 1순위가 바로 재봉틀이라는 기사도 있었다. 곧이어 터진 6.25 동란에는 어떻게든 재봉틀을 가지고 피난을 떠나는 악착같은 어머니도 있었다.

집에서 재봉틀로 옷을 만드는 내재봉소는 전쟁 이후 더욱 활성화되었다. 전쟁으로 남편을 잃은 여인들이 할 수 있는 일 중 장사를 제외하고는 거의 유일한 일이었기 때문이다. 다시 돌아온 싱거사는 전쟁으로 폐허가 된 우리나라에 재봉틀 100대를 기부했다. 보육원과 여학교에 재봉틀을 기증하는 일은 미담으로 여겨졌고 월남민이 정착하는 데 꼭 필요한 물건으로 재봉틀이 꼽히기도 했다. 재봉틀이나 재봉틀 부품을 밀수하다가 적발되는 일도 늘어났다. 심지어 경기중학교에 입학한 자신을 위해 부모님이 재봉틀을 팔려고 하자 자살소동을 벌인 학생도 있었다. 재봉틀을 팔면 가족의 생계가 막막해진다는 것을 13세 소년도 알고 있었나 보다.

광복 이전이나 이후나 생계 수단이자 귀한 물건임에는 변함이 없었지만 재봉틀은 한국전쟁 이후 이전과는 다른 상황을 맞이한다. 재봉소의 규모가 커진 것이다. 공장이라는 표현이 어울릴 정도로 수십 대의 재봉틀을 보유한 곳들이 생겨났다. 산업 기반이 없고 노동력이 저렴했던 시절이라 재봉틀만 있으면 일을 할 사람은 넘쳐났다. 재봉 공장이 우후죽순 생겨났고 지방에서 올라오거나 가난하고 많이 배우지 못 한 사람들이 그 일을 맡았다. 노동법도 없고 근로기준법도 없던 시절이라 일이 많으면 밤새 재봉질해야 했고, 일이 없으면 쫓겨나거나 임금이 반 토막이 되어버렸다. 일제강점기와 해방 이후를 살던 여성에게 재봉틀이 새로운 기회를 주는 발판이자 기회였다면, 재봉 공장에서 일하게 된 여성 노동자에게 재봉틀은 절대로 빠져나올 수 없는 개미지옥과도 같았다.

¶ 시다바리

영화 〈친구〉에 "내는 니 시다바리가?"라는 대사가 나온다. '시다바리'는 일본어 '시타바리(下張り)'에서 유래되었다. 원래는 도배를 할 때 도움을 주는 조수를 지칭하는 말이었는데 '조수'나 '부하'라는 뜻으로 변형되었다. '똘마니'라고도 지칭된다.

● 재봉 공장 내부 풍경 ⓒ 서울역사박물관

하지만 우리가 가장 많이 알고 있는 의미는 '시다'라고 부르는 '미싱 시다'일 것이다. 재봉틀을 본 적도 없는 아이들이 미싱 시다, 라는 말을 알 정도이니 그만큼 흔한 말이 되었다고 볼 수 있다. 전태일 열사가 박정희 대통령에게 보낸 편지에 '시다공'이라는 표현이 나온다. '시다 직공'의 줄임말로 "존경하는…"으로 시작된 이 편지에는 어린 시다공들이 겪는 열악한 환경과 부당한 대우에 관한 이야기들이 적혀있다. 일주일에 무려 98시간에 달하는 강도 높은 노동을 하고 있다며 하루 14시간 작업 시간을 10시간에서 12시간으로 줄여달라고 간청했다.

전태일 열사의 요청은 받아들여지지 않았다. '미싱공' 혹은 '미싱 시다'라고 불린 그들은 자본의 노예로 지내다가 피지 못한 꽃처럼 시들어갔다. 눈이 휘둥그레지는 신식 문물이었던 재봉틀은 100여 년 후 노동자들의 열악한 노동환경을 상징하는 대상으로 바뀌었다. 근대에서 산업사회인 현대로 넘어가면서 바뀐 참혹한 변화이다. 그나마 다행인 것은 이제 시다공은 많이 찾아볼 수 없고 노동 환경도 좋아졌다는 점이다.

인력거

근대를 발로 뛰는 수레

인력거는 사람이 끄는 수레라는 뜻으로 1869년 일본에서 처음
등장했다. 조선으로 건너온 인력거는 고관대작의 승용차처럼
이용되다가 인력거 회사가 생기면서 본격적으로 승객들을 태우
고 다녔다. 열차와 전차가 정해진 선로를 다녀야 하고, 자동차는
아직 등장하기 전이라서 인력거는 전성기를 맞이한다. 하지만
자동차가 등장하자 인력거는 속도 경쟁에서 밀리기 시작했고
근대가 막을 내리면서 역사 속으로 사라져버렸다.

¶ 인간의 꿈

인간의 오래된 꿈 중 하나는 새처럼 하늘을 날고 말처럼 빨리 달리는 것이었다. 레오나르도 다빈치가 남긴 글라이더와 헬리콥터 모양의 스케치, 그리스 신화에 등장하는 전령의 신 헤르메스의 날개 달린 신발 '탈라리아'는 그 꿈이 굉장히 오래되었다는 것을 보여준다.

꿈과 망상 사이 어디엔가 존재하던 그것은 근대에 접어들면서 서서히 실용화되었다. 여러 번의 실패 이후 열기구가 등장했고 라이트 형제가 만든 비행기가 비행에 성공한 것이다. 달리는 것도 마찬가지였다. 증기로 움직이는 열차가 근대의 문을 활짝 열었고, 말이나 소가 끌지 않아도 움직이는 자동차와 자

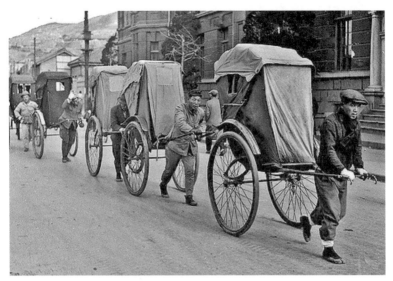

● 일본에서 시작된 인력거 ⓒ 플리커

전거가 등장했다. 서양에서 시작된 이러한 움직임은 일본으로
건너와 새로운 탈 것을 탄생시켰다. 바로 사람의 힘으로 움직
이는 수레, 인력거가 만들어진 것이다.

　인력거는 1869년 일본에서 처음 만들어졌다. 쏟아지는 서
양의 문물 속에서 자신의 정체성을 찾기 위해 애를 쓰던 일본
은 서양의 영향을 받지 않은 독창적인 이 발명품을 소중하게
생각했다. 인력거의 탄생은 근대와 맞물려 있다. 일단 속도와
시간이 중요해졌다. 누군가를 만나고 어딘가로 가야 하는 일
들이 늘어난 것이다. 때마침 등장한 증기 기관차와 전차가 그
런 목마름을 해소해줬지만 결정적인 약점이 있었다. 선로가

놓인 곳으로만 다닐 수 있고 정해진 운행 시간이 있다는 점이었다. 가고자 하는 방향에 선로가 없고 도착해야 할 때와 운행 시간이 맞지 않는다면 아무 소용이 없는 것이다. 그래서 증기 기관차와 전차가 나온 이후에도 자동차가 등장하기 전까진 말이 끄는 마차가 사라지지 않았다. 번거롭기는 하지만 적어도 원하는 장소와 시간에 도착할 수 있었기 때문이다.

¶ 인력거의 탄생

인력거는 마차에서 말이 하는 역할을 사람이 대신 한다. 사람은 말보다 빠르지는 못하지만 말을 관리하거나 마부를 고용할 필요가 없으니 비용이 대폭 줄었다. 근대의 특징이라고 할 수 있는 도시의 발전 역시 인력거의 탄생에 한몫했다. 도로가 정비되자 원하는 시간에 목적지에 가고자 하는 수요가 늘어난 것이다.

마차가 발달한 서양에서는 말 대신 사람을 쓸 생각을 하지 못했지만 말 관리 비용보다 사람을 쓰는 비용이 더 쌌던 일본에서는 말 대신 사람이 끄는 수레가 탄생할 수 있었다. 일본은 서양에는 없는 인력거의 등장을 매우 기뻐하며 대량 보급했다. 아직 열차 선로는 많이 깔리지 않았고 자동차는 등장하기 이전이었다.

도시가 형성되면서 일자리를 찾아 올라온 사람들이 인력거를 끌었다. 별다른 기술도 없고 주거도 불안정했던 그들은 낮은 보수에도 기꺼이 그 일을 했다. 그렇게 일본의 인력거는 서양을 따라잡겠다는 일본의 욕심과 도시의 발전, 그리고 그 도시에서 생계를 유지해야 하는 사람들의 절박함이 어우러져서 굴러갔다.

¶ 조선의 인력거

일본과 가깝고도 먼 나라였던 조선 역시 인력거가 이른 시기에 소개되었다. 1880년대에 인력거에 대한 기사가 있는 것으로 봐서는 그 이전에 이미 도입된 것으로 보인다. 아마 1876년 강화도 조약 이후 일본이 가지고 들어왔거나 조계지나 개항장 등지에서 사용하다가 자연스럽게 조선인에게 전파된 것으로 보인다.

사람이 바퀴 달린 수레를 끄는 인력거는 단숨에 사람들을 홀렸다. 특히 가마를 타고 다니는 관리들의 눈에 쏙 들어왔다. 흔들리고 불편한 가마에 비해 훨씬 편안했다. 게다가 가마는 품계에 따라 타고 다닐 수 있는 종류가 정해지고 바퀴 달린 가마인 초헌은 종2품 이상만 탈 수 있는데 비해, 인력거는 돈만 내면 누구라도 탈 수 있고 좁은 골목길도 전차가 다니지

● 박물관에 전시된 인력거

않은 길도 얼마든지 갈 수 있었다.

　덕분에 조선도 일본처럼 삽시간에 인력거가 퍼져나갔다. 조선과 일본의 사정이 다르지 않았던 것이다. 마차는 부족했고 증기기관차는 도입되는 중이었으며 전차 역시 본격적으로 등장하지 않았던 시절이다. 도로 사정도 그다지 좋지 않았다. 이 모든 조건이 조선을 일본처럼 인력거 천국으로 만들었다.

　초기에는 고관대작들이 사용했지만 인력거는 곧 대중화의 길을 걷는다. 기록상으로 보면 조선 최초의 인력거 회사는 1894년 한성에 사는 일본인이 만들었다. 일본인이 십여 대의 인력거를 운행했는데 곧 조선인들이 끄는 인력거가 등장했다.

튼튼한 두 다리와 인력거를 끌 힘만 있으면 인력거는 누구나 끌 수 있었다. 일본인이 처음 인력거 회사를 차린 지 10년쯤 지나자 인력거가 거리를 누비는 모습은 익숙한 근대의 풍경이 된다.

조선에 인력거를 제작하는 공장이 만들어지기도 했다. 의자 받침대와 차광막 지지대, 손잡이는 나무로 만들었고, 바퀴와 바퀴 위의 커버는 금속으로 제작되었다. 차광막은 소가죽으로, 의자는 양모를 자재로 썼다.

인력거는 여러 종류가 있었지만 두 개의 바퀴로 이루어진 1인승이 대다수였다. 인력거를 끄는 인력거꾼이 1인이었던 터라 두 사람을 태우면 힘에 부쳤기 때문이다. 국립중앙박물관을 비롯해 국내에 남아있는 인력거 역시 거의 1인승이다.

¶ 인력거 운영 규정

인력거가 늘어나면서 여러 가지 규정이 생겨났다. 우선 18세 이상만 인력거를 끌 수 있었다. 가장 큰 변화는 세금이었다.

을사늑약 이후 조선을 반쯤 집어삼킨 일본은 인력거에 세금을 매기고 인력거 요금을 정했다. 정해진 요금 없이 흥정해서 타던 방식에서 거리에 따라 요금을 내는 방식으로 바뀌었다. 이에 따르면 10리 안에는 40전의 요금이 책정되었다. 요즘으로 치면 택시 기본요금에 해당한다.

흥미로운 점은 인력거 운영 규정 중에 승차 거부를 금지하는 조항이 있었다는 것이다. 타는 사람이 요구했을 때 정당한 이유 없이 거절하면 처벌받게 되어있었다. 기본요금과 승차 거부에 대한 처벌 조항을 보면 놀랍도록 택시와 유사하다.

인력거와 택시의 비슷한 부분은 또 있다. 인력거를 관리하고 단속하는 경시청에서 인력거꾼에 대한 신상 명세를 파악해서 허가증을 발급한다는 것과 관할 경찰서에서 인력거를 직접 살펴보고 영업 허가장을 내준다는 것이다. 인력거의 수가 늘면서 관리의 필요성을 느꼈다는 것을 알 수 있다.

오늘날의 택시 승차장과 유사한 인력거 주차장이 설치되기도 했다. 공설 주차장은 관할 경찰서에 말뚝을 박아 세웠고, 사설 주차장은 해당 장소의 위치와 평수가 정확하게 기록된 도면을 가지고 경찰서에 신고하면 허가해주었다.

¶ 인력거를 끄는 사람들

1910년 조선은 일본의 식민지로 전락했으나 그런 변화와는 상관없이 경성은 급격한 근대화를 맞이한다. 도로가 정비되고 전기가 도입되었다. 전차가 종소리를 내며 선로를 달렸다. 거리에는 양복을 입고 머리를 깎은 모던보이들이 등장했

● 혼례 행렬. 인력거의 모습이 함께 눈에 띈다. ⓒ 서울역사박물관

고 양장에 파마하고 화장을 한 모던걸들이 동행했다. 길옆으로 서양식으로 지어진 관청, 우체국, 호텔, 회사들이 들어섰고, 높다란 광고탑이 불빛을 번쩍였다. 그 사이를 출퇴근하는 직장인, 곱게 차려입은 기생, 어딘가로 급하게 가는 학생, 고위 관료들을 태운 인력거가 지나갔다.

경성의 거리를 누비는 인력거들은 점점 늘어났고 인력거꾼을 옥죄는 규정도 하나씩 늘어갔다. 1915년 일본은 모든 인력거꾼에게 일본식 복장을 입혔다. 상투를 틀고 저고리와 바지에 짚신을 신었던 인력거꾼은 사라지고 일본식 옷과 신발을 착용한 인력거꾼이 거리를 누볐다. 그 모습은 활기차고 생동감이

● **경부선 철로의 종착역이었던 경성역의 전경. 열차를 타고 도착한 승객을 위한 인력거들이 서있다.**
ⓒ 서울역사박물관

넘쳐 보였겠지만 인력거꾼의 삶은 그것과는 거리가 멀었다.

일본의 식민지가 되기 이전부터 인력거꾼은 온갖 부당한 대우를 받았다. 요금을 제대로 내지 않는 손님이 있는가 하면 길거리에 누워 낮잠을 잔다는 이유로 순사에게 뺨을 맞는 봉변을 당하기도 했다. 고관대작의 인력거꾼들은 주인의 위세를 빌기도 했지만 이는 극소수에 불과했다.

인력거를 타는 손님들도 불만을 쏟아냈다. 인력거꾼이 규정된 요금 이상을 받으려 하고 거만하고 무례하다는 것이다. 당시 신문에는 승차 거부와 과도한 요금을 청구한 인력거꾼이 경찰에 체포되어 벌금형을 받았다는 내용이 나온다.

오늘날의 택시가 개인택시와 회사택시로 나뉘는 것처럼 당시 인력거도 개인 소유와 회사 소유로 나뉘었다. 하지만 인력거는 굉장히 비싼 물건이었으므로 대부분은 회사 소유의 인력거를 사용료를 내고 대여했다. 인력거꾼들은 회사에 낼 사용료를 벌기 위해 승차 거부와 과도한 요금을 받으려 한 것이다.

게다가 당시 경성의 인력거 회사들은 모두 일본인의 소유였던 탓에 일본인 인력거꾼에게는 저렴한 사용료를 받는 등 조선인 인력거꾼의 차별도 심했다. 이런 불공정함은 조선 인력거꾼들을 가난에서 벗어날 수 없게 만들었다. 대부분의 인력거꾼은 무일푼으로 경성에 올라온 지방민이다. 가진 돈이 없어서 인력거를 끌었으나 허리가 휠 정도의 비용 부담으로 인해 생활이 나아지지 않았다. 상당수는 안정적인 거처를 구하지도 못해 토막민으로 생활했다. 땅을 파고 위에 거적을 얹어 비바람이나 추위를 막은 움집에 사는 사람을 토막민이라고 하는데 적지 않은 인력거꾼이 여기에 속했다.

가난을 벗어나기 위해 경성에 올라왔지만 정작 가난은 인력거의 바퀴가 되어 힘차게 굴릴수록 오히려 가난과 가까워졌다. 이런 인력거꾼의 모습은 근대 기록 곳곳에 흔적을 남겨 놓았다.

¶ 인력거에 관한 기록들

1920년부터 허용된 조선어 신문에서 인력거에 관한 기사를 많이 찾아볼 수 있다. 가장 눈에 띄는 건 인력거꾼들이 요금을 과도하게 요구한다는 것이었으나 기사의 말미에 인력거 요금을 올리는 것이 해결책이라고 쓰여 있는 것으로 보아 이는 구조적인 문제였음을 알 수 있다.

인력거는 1919년 3.1만세운동 관련 기사에도 등장한다. 1920년 4월 12일 자 동아일보에 전년에 벌어진 3.1만세운동에 관한 기사가 실렸다. 당시 만세를 부르며 일제에 저항했던 가담자 47인에 대한 예심 재판 기록인데 강기덕과 김원명이라는 이름이 나온다. 잘 알려지지 않은 인물로 둘 다 학생이었다.

이들은 3.1만세운동에 가담했다가 3월 5일 2차 시위를 준비했다. 오전 9시에 시위를 벌이기로 한 남대문 역 광장에는 수만 명의 학생과 시민이 모였다. 그때 강기덕과 김원명이 인력거를 타고 나타나 만세를 부르며 시위대 앞에 섰다는 것이다. 이때 인력거에서 내려서 이동했는지 아니면 인력거를 타고 사라졌는지는 알 수 없다. 하지만 중요한 순간에 인력거를 타고 등장했다는 것은 인력거가 그만큼 일상적인 교통수단이었으리라 알 수 있다. 어쩌면 트럭이나 차가 앞장서는 요즘 시위와 유사하기도 하다.

같은 신문의 며칠 후 기사에는 창경원의 벚꽃을 보러 수만 명의 인파가 몰렸는데 자동차와 인력거로 인해 길이 막히는 현상이 발생했다고 적혀있다. 당시 자동차는 많지 않았으므로 인력거가 대다수였을 것이다. 조선 상인들이 주로 장사를 하던 종로에서는 매년 야시장이 열렸다. 전년도에는 3.1만세운동 여파로 개최되지 않았으니 2년 만에 문을 연 것이다. 상인들이 천막을 치고 임시 매장을 열자 구경꾼들이 몰려오면서 떠들썩한 소리가 울려 퍼졌다. 그중 하나가 야시장을 찾아오는 구경꾼들을 태운 인력거의 바퀴 소리였다.

인력거를 두고 갈등이 벌어지기도 했다. 1925년 1월에는 진남포에서 기생들이 인력거를 타지 않기로 결의하는 일이 벌어졌다. 인력거를 타고 출근하는 게 일상인 기생들이 인력거를 타지 않고 걸어서 손님이 기다리는 요리점까지 가기로 한 것이다. 당시 진남포에는 일본인이 운영하는 인력거 회사가 있었다. 기생은 인력거 회사의 중요한 고객이었으므로 날벼락을 맞은 일본인 사장이 기생들을 찾아가 이유를 물었다.

기생들은 인력거꾼들이 말을 함부로 하고 무례하다고 했다. 졸지에 큰 고객을 잃게 된 일본인 사장은 앞으로는 인력거꾼이 절대 무례하지 않도록 하겠다고 사정한다. 못 이기는 척 사과받고 다시 인력거를 탈 법도 한 데 기생들은 뜻밖의 답변을 내놓는다. '사람이 어찌 사람이 끄는 인력거를 탈 수 있느냐'는 것이었다. 아무것도 몰랐을 때는 인력거를 타고 다녔지만 인력거꾼이 사회의 모순으로 고초를 겪고 있는 걸 알게 되었으니

더는 탈 수 없다는 대답이었다. 기사는 진남포 주민들이 기생들의 그런 모습에 깜짝 놀랐다는 것으로 마무리되었다.

이 기사에는 주목할 만한 점이 몇 가지 있다. 그중 하나가 인력거꾼에 대한 사회적 인식이다. 기생 역시 사회적인 지위가 매우 낮았다. 그런데 기생이 안타깝게 여길 정도로 인력거꾼은 비참한 삶을 살고 있었다. 기생들은 인력거꾼의 처지를 사회의 모순으로 이해했고 인력거를 타지 않는 것으로 그들의 생각을 내보였다. 언뜻 보면 모순이지만 인력거꾼들의 처지가 매우 열악하다는 사실은 그만큼 널리 알려져 있었다.

¶ 인력거꾼의 사회적 지위

1926년 1월 신문에 군산 지역의 한 인력거꾼이 자살을 시도했다는 기사가 실렸다. 26세의 인력거꾼이 자살을 시도한 이유는 다름 아닌 그의 직업 때문이다.

가족 없이 살던 그는 같은 동네에 사는 처녀와 혼인을 약속했다. 하지만 처녀의 가족은 인력거꾼 대신 다른 사윗감을 택했다. 상심한 인력거꾼은 다른 혼처를 찾는다. 비슷한 시기 결혼했던 동네 처녀가 이혼하고 돌아오자 인력거꾼은 그녀와 혼인한다. 전형적인 러브 스토리이자 해피 엔딩일 것 같던 이 결혼은 배드 엔딩이다. 하찮은 직업에 돈도 없다며 처남이 대

● **인력거를 끄는 인력거꾼** ⓒ 우리역사넷

놓고 괄시하고 모욕하자 크게 말다툼하고는 자신의 처지를 비관해 자살을 시도한 것이다. 다행히 동료에게 발견되어서 목숨은 건질 수 있었다.

당시 신문과 잡지 기사들을 보면 인력거꾼은 가난하고 무식하다는 인식이 깊다. 인력거가 도입된 지 한 세대도 지나지 않았는데 조선시대 백정이나 다름없는 취급을 받았다. 무례한 대우를 받는 경우도 많았고 손님에게 함부로 대한다는 이유로 손가락질받기도 했다.

¶ 김 첨지의 운수 좋은 날

1924년 『개벽』이라는 잡지에 실린 현진건의 〈운수 좋은 날〉은 동소문 근처에 사는 가난한 인력거꾼 김 첨지가 하루 동안 겪은 일을 쓴 소설이다. '운수 좋은'이라는 제목의 표현은 반전의 의미를 담고 있다.

김 첨지는 나가지 말라는 병든 아내의 애원을 뿌리치고 비가 오는 거리로 나선다. 아내에게 제대로 약 한 번 먹이지 못한 것에 대한 미안함 때문이다. 시작부터 운수가 좋았다. 동네 사는 마님을 태우고 갔다가 전차 정거장에서 선생님을 태우고 학교에 갔다. 손님을 내리고 돌아서는데 기숙사에 있던 학생이 달려 나와 기차역으로 태워다 달라고 한다. 김 첨지는 자신이 생각하기에도 놀랄 만큼 비싼 요금을 불렀지만 학생은 이를 승낙한다.

기차역까지 비를 뚫고 달린 김 첨지는 그곳에서 집으로 오는 방향으로 또다시 손님을 태우는 데 성공한다. 커다란 짐 때문에 전차에 타지 못한 여성 승객이었다. 며칠 만에 생각지도 못한 거금을 손에 쥔 김 첨지는 아내가 좋아하는 설렁탕을 사 들고 집에 들어간다. 하지만 아내는 설렁탕을 먹을 수가 없었다. 김 첨지는 죽은 아내에게 왜 설렁탕을 먹지 못하느냐고 울분을 토한다.

일제강점기 빈민들의 절박한 삶을 보여주는 이 소설의 주인공 직업이 바로 인력거꾼이다. 한 가지 덧붙이자면 주인공을 첨지라고 불렀다는 것이다. 첨지는 조선시대 정3품인 첨지중추부사의 줄임말이다. 그런데 어쩌다가 인력거를 끄는 인물에게 붙은 걸까?

사실 우리가 아는 '영감'도 정3품 이상의 당상관을 일컫는 말이었다. 그런데 조선 후기로 가면서 노인들에게 붙는 명칭이 되어 이제는 할아버지를 영감님이라고 부른다. 첨지 역시 영감만큼은 아니지만 노인을 부를 때 쓰는 명칭으로 굳어졌다. 특히 첨지는 나이 든 사람을 낮춰 부르는 말이 되었다. 조선이라는 나라가 쇠퇴하고 신분 제도가 어지러워진 것을 상징적으로 보여주는 명칭이다. 아마 현진건은 그런 부분까지 감안해서 주인공의 이름 대신 첨지를 썼을 것으로 보인다.

¶ 인력거꾼을 소재로 한 또 다른 소설

흥미로운 점은 약 12년의 시간차가 있긴 하지만 중국에서도 비슷한 소설이 발표되었다는 것이다. 노사라는 작가가 1936년 9월부터 다음 해 10월까지 한 잡지에 발표한 〈낙타상자〉라는 소설이다. 이 소설에도 하층민인 인력거꾼들이 주인공으로 등장한다. 그들은 베이징의 외곽 빈민촌에 살고 있었는데 김 첨지가 사는 동소문 근처라는 공간적 배경과 매우 흡사하다.

실제로 노사가 어린 시절 살았던 대난원에는 인력거꾼을 비롯해 도박꾼과 알코올 중독자와 좀도둑, 창녀 등이 모여 살았다. 〈낙타상자〉에 등장하는 인력거꾼은 모두 세 명으로 상자와 노마, 이강자다.

상자는 지방에서 올라온 노동자로 인력거를 사는 것이 꿈이다. 그에겐 인력거를 장만하면 먹고살 수 있다는 희망이 있었다. 하지만 그의 노력은 부패한 관리와 군벌, 악덕 기업가에 의해 차례로 무너진다. 상자의 몰락은 그의 잘못이 아니라 당시의 시대 상황 때문이다. 겨우 장만한 인력거가 부서지고 빼앗기자 상자는 처음 가졌던 순수함과 열정을 잃어버리고 세태에 찌든 늙은 인력거꾼이 되고 만다. 누가 상자를 이렇게 만든 것일까. 개인이 노력해도 어쩔 수 없는 시대의 아픔을 상자라는 인물을 통해 느낄 수 있다.

반면 노마는 타락해가는 상자와는 달리 끝까지 인간성을 지키려고 노력한 인물이다. 마지막 등장인물인 이강자는 처음부터 나쁜 놈이다. 아내를 발로 차서 죽이고 가족들을 돌보지 않았다. 술과 노름에 빠져 집안에 돈 되는 것들을 죄다 팔아먹고 급기야 딸까지 팔았다. 하지만 밑바닥 인생에 남들의 손가락질 따위가 문제일까. 그들에겐 군벌과 관리들의 횡포에서 벗어나 하루하루 살아가는 게 더 중요했다. 양심과 가족 따위는 필요 없다. 누구보다 양심적이고 열심히 일했던 상자가 타인의 잘못으로 타락의 구렁텅이에 빠진 걸 보면 알 수 있지 않으냐고 이 소설은 말하는 듯하다.

〈낙타상자〉의 주인공 세 명은 각자 사연이 있고 자신의 선택 혹은 외부의 압력으로 운명이 결정되었다. 현진건의 소설 〈운수 좋은 날〉에 등장하는 김 첨지는 이 세 명의 성격을 모두 볼 수 있다. 아픈 아내에게 짜증을 내면서도 그녀가 좋아하는 설렁탕을 사주기 위해 비가 퍼붓는 밖으로 인력거를 끌고 나간다. 거금을 쥐고 돌아오는 길에 친구를 만나 술을 마시고 자기 삶에 대해 갈팡질팡하는 모습도 보여준다. 집에 돌아와 죽은 아내를 걷어차고 화를 내는 모습은 아내의 죽음을 지켜주지 못했다는 회한의 다른 모습이다.

시대와 공간이 다르긴 하지만 두 소설 모두 힘없고 나약한 인물이 비틀거리며 살아가는 모습을 통해 식민지 조선과 반식민지가 된 중국의 한계와 아픔을 보여주었다는 점에서 비슷하다고 볼 수 있다. 가장 하층민인 인력거꾼을 통해 현실감을 부여한 것도 공통점이다.

¶ 인력거꾼들의 동맹 파업

현진건이 인력거꾼의 비참한 생활에 주목해 소설을 쓰게 된 사례를 짐작할 만한 사건이 있다. 1922년 11월에 벌어진 인력거꾼들의 동맹 파업이다. 1920년대가 되면 '달릴수록 가난해진다'는 말이 생길 정도로 인력거꾼의 삶은 나락으로 떨어진다. 가장 큰 원인은 천여 대가 넘는 인력거들이 경성 거리를 누비면서 경쟁이 심해졌다는 데 있다. 여기에 전차보다 강력한 경쟁자가 등장했다. 바로 자동차이다. 하지만 동맹 파업의 직접적인 원인은 일본이었다.

제1차 세계대전이 끝나고 불황이 이어지고 물가가 오르자 일본은 이발비를 비롯, 목욕료와 인력거 요금을 강제로 낮추었다. 생활 요금을 낮춰 물가 인상에 대한 불만을 잠재우려 한 것인데, 경찰의 압력에 못 이겨 이발소와 목욕탕 업주, 인력거 회사 모두 요금 인하를 약속했다.

하지만 인력거 회사는 이발소와 목욕탕 업주와는 달리 요금을 인하해도 직접적인 타격을 받을 일이 없었다. 인력거꾼에게 받는 인력거 사용료는 그대로였기 때문이다. 문제는 인력거꾼들이었다. 가뜩이나 힘든 처지에 요금까지 깎이다니, 그것도 어떤 협의 없이 일방적으로 정해졌다는 사실에 인력거꾼들은 크게 분노했다.

당시 조선인 인력거꾼은 일본인 인력거꾼과 차별을 받고 있었으며 인력거 수리비를 비롯한 각종 소모품 비용마저 고스란히 감당해야 했다. 거기다 요금 인하의 원인이었던 경기 불황은 손님까지 줄게 했으니 상황은 한계에 직면했다. 길은 안 보이자 인력거꾼들은 대책을 세우기로 결의한다.

가장 먼저 한 일은 탄원서 제출이다. 인하된 요금으로는 생활이 어려우니 인력거 회사에 납부해야 할 비용을 줄여주거나 다른 대책을 마련해달라는 것이었다. 하지만 경찰은 외면했고 인력거 회사들도 이들의 요구를 거절했다. 사용료를 내기 싫으면 인력거도 몰지 말라는 것이었다.

절박해진 인력거꾼들은 단체 동맹 파업을 결의한다. 30만 명 정도 되던 경성에서 천여 대가 넘는 인력거가 일제히 영업을 중지했다. 그러자 오늘날 지하철이나 버스 파업과 비슷한 일이 벌어졌다. 파업 당일 아침부터 비가 내리는 바람에 큰 소동이 벌어졌다는 당시 모습이 기사로 전해지고 있다.

1922년 11월 22일, 파업이 시작된 다음 날 오전에 본정, 그러니까 당시에는 혼마치라고 불린 지금의 충무로에 약 300명의 인력거꾼들이 모인 집회가 열렸다. 이들은 인력거 사용료를 낮춰줄 것과 일본인과의 차별 또한 없애 달라고 요구했다. 하지만 이들의 절박한 목소리는 회사 측에도 총독부 관리에게도 닿지 않았고 파업 또한 오래가지 못했다. 대부분이 하루 벌어 하루 먹고 사는 처지라 오랫동안 쉴 수 없었던 것이다. 인력거꾼이 하나둘씩 빠지면서 동맹 파업은 무산되고 말았다.

상황은 변하지 않았고 먹고살기 힘들어진 인력거꾼들은 12월에 재차 파업을 일으킨다. 이번에는 천도교 대교당에서 집회를 열었는데 총독부와 충돌이 일어날 수 있는 요금 인하 문제는 놔두고 인력거 회사의 횡포와 차별대우에 대해서만 목소리를 높였다. 그런데도 총독부는 신고하지 않고 집회를 열었다는 이유로 지도부를 체포해서 조사했다. 달을 가리키고 있는데 손가락만 본 셈이다.

두 차례의 동맹 파업은 무산되었지만 인력거꾼들은 자신을 지킬 것은 자신들뿐이라는 사실을 깨달았다. 그래서 친목 도모와 권익 보호를 위해 친목회를 만들었는데 무려 600명이 참여했다. 기세가 왕성했던 제1차 동맹 파업 때보다 두 배나 많은 인원이다. 이런 일련의 과정이 신문에 자세히 소개되었고 아마 이 이야기가 소설의 소재를 찾던 현진건의 눈에 들어왔을지도 모르겠다.

¶ 권리를 찾기 위한 인력거꾼들의 조직, 친목회

인력거꾼의 단체 행동은 경성에만 있었던 것이 아니다. 전라도의 대표적인 항구이자 개항장이었던 군산에서도 군산인력거연합 친목회가 조직되었다. 조직 목적은 인력거꾼들의 상부상조와 인력거 회사의 부당한 횡포에 저항하기 위해서였다.

실제로 군산에서도 인력거꾼과 인력거 회사 사이에 갈등이 벌어졌다. 특히 1920년대 후반 자동차가 등장하면서 군산 지역의 인력거에 위기가 찾아온다. 도저히 경쟁이 되지 않자 인력거 회사는 요금을 낮추기로 하지만 인력거꾼에게 받는 사용료는 그대로 두었다. 인하된 요금만큼 인력거 사용료 또한 덜 받아야 이치에 맞을 텐데 말이다.

하지만 경성에서와는 달리 군산 인력거꾼들은 파업을 통해 자신들의 의견을 관철했다. 아울러 인력거꾼은 무식하다는 소리를 듣지 않기 위해 친목회에 교육부를 두어 지식을 쌓는 데 열중하기도 했다. 다른 지역에서 파업이 일어나면 의연금을 모아 전달하기도 했다.

인력거꾼들의 동맹파업과 친목회 결성은 자본주의가 극대화되어가는 과정을 보여준다. 이익을 위해 인력거꾼의 하소연을 무시하는 인력거 회사와 그들과 한패가 된 공권력에 맞서 인력거꾼들은 힘을 합쳤다. 경성의 동맹 파업은 실패로 돌아갔지만 군산은 성과를 거두기도 했다. 인력거꾼의 이런 모습들은 고무신이나 성냥 공장의 조선인 노동자들에게서도 찾아볼 수 있다. 자본주의가 식민 지배와 함께 엄습해왔고, 힘없는 노동자들이 할 수 있는 일은 위험천만한 동맹파업 정도였다. 하지만 인력거를 끄는 일은 시간이 지날수록 점점 더 힘들어졌다. 인력거보다 빠른 자동차가 등장해서다.

¶ 택시와 인력거

조선에 자동차가 들어온 것은 의외로 오래되었다. 외국 공사가 자국에서 가지고 들어오면서 첫선을 보였는데 이후 일제강점기가 되면서 고종과 총독이 타고 다닐 용도로 자동차가 도입되었다(대한제국 시기에도 고종 황제가 타고 다니는 용도의 자동차가 도입되었다고 하는데 실체가 불분명하다).

자동차가 도입된 초창기에는 구경거리나 자랑거리로는 쓸 만했지만 도로 사정이 좋지 않고 자동차 성능도 시원찮아 교통수단으로는 별로였다. 하지만 일제강점기 10년째에 접어든 1920년대가 되면서 상황은 달라졌다. 특히 경복궁의 광화문을 밀어내고 새로운 총독부가 들어서게 되면서 도로 사정이 좋아졌다. 일본은 유사시를 대비해 조선 주둔 일본군이 있는 용산역과 지금의 서울역인 경성역, 덕수궁 맞은편에 있는 경성부청과 광화문의 조선총독부까지 곧게 잇는 도로를 만들었다. 순종이 반대한 종묘를 관통하는 북부 횡단 도로도 만들었다.

동서남북을 잇는 거대한 도로망이 깔리고 경성의 인구가 늘어나자 자동차가 달릴 만해졌다. 지방이나 일본에서 건너온 사람들은 교통수단을 자주 이용해야 하니 자동차를 운송 수단으로 사용할 수 있는 여건이 조성된 것이다.

1925년 4월, 경성에 사는 일본인 사업가가 다섯 대의 자동차를 택시로 운행하겠다며 허가서를 요청했다. 그리고 두 달 후인 6월에 허가받아 운행을 시작했다. 다행히 경성역장이 경성역 구내에 택시 승강장을 설치해달라는 이들의 요청은 거절했다. 그러나 인력거는 욕심 많은 인력거 주인이나 요금도 안 내고 도망치는 얌체 손님, 무더위와 추위, 폭우 같은 날씨

● 경성자동차상회에서 판매하던 자동차의 모습 ⓒ 서울역사박물관

● 일본자동차 경성 출장소 ⓒ 서울역사박물관

와는 비교할 수 없을 정도로 강력한 적과 만나게 되었다.

사동차가 인력거와 나란히 달리자 타격은 곧바로 나타났다. 사람이 아무리 빠르다고 한들 자동차보다 빠를 수 없다. 이는 1928년 양측을 비교한 자료를 보면 알 수 있다. 경성역에서 남대문까지 인력거로 가면 소요 시간은 3분, 요금은 15전이었다. 자동차로는 2분 30초가 걸리고 요금은 1원이었다. 짧은 거리는 그다지 큰 차이가 나지 않았다. 하지만 거리가 멀어지면 사정이 달라졌다. 경성역에서 보신각까지 인력거를 타고 가면 16분이 소요되었으나 자동차는 5분밖에 걸리지 않았다. 요금이 비싸긴 했지만 속도를 사려는 사람들에겐 대수롭지 않았다.

게다가 인력거는 구간별로 요금이 달라지는 데다 웃돈을 요구하는 경우도 있었으나 당시 자동차는 거리에 상관없이 1원이었기 때문에 먼 거리에 특히 유리했다. 현진건의 소설 〈운수 좋은 날〉에서 볼 수 있듯 인력거 역시 먼 거리를 가야 돈을 많이 받을 수 있다. 그런데 택시의 등장으로 알짜배기 손님을 놓친 것이다. 물론 비싸고 인력거와는 비교할 수 없을 정도로 복잡한 운전 기술이 필요했기에 택시의 수가 급속도로 늘진 않았지만 인력거꾼의 생계를 위협하기에는 부족함이 없었다. 1920년대 후반의 잡지나 신문 기사를 보면 그들의 한탄을 어렵지 않게 볼 수 있다. 수입이 반토막이 났고 장거리 손님을 택시에 빼앗겼다며 울분을 쏟아냈다. 도로가 좋아졌다는 것이 유일한 위안거리였지만 그 역시 사실상 택시에 유리한 일이었다.

택시 수요가 늘자 1920년대 후반, 신문에 드디어 자동차 광고가 실린다. 미국의 제너럴모터스사와 포드사가 번갈아 가면서 광고를 냈는데 주 소비자가 개인이 아니라 택시였다. 제너럴 모터스는 '택시 계의 총아'라는 타이틀로 쉐보레를 선전했고, 포드 또한 이에 질세라 '택시의 하명은 포드'라는 제목의 광고를 실었다. 제너럴 모터스는 이에 '고급 택시 중의 총아'라는 카피로 올즈모빌을 선전하기도 했다. 시간이 조금 흐른 후에는 택시 회사, 주로 'ㅇㅇ 자동차부'라는 이름을 소개하는 토막 광고가 실리면서 택시의 시대가 왔다는 걸 서슴없이 보여주었다. 1920년대 후반의 신문 기사를 보면 경성에서 운행하는 택시는 200여 대에 달했다.

¶ 택시 싸움에 터진 인력거

택시가 늘어나자 그들끼리도 경쟁했다. 그래서 50전 택시라는 게 나왔다. 택시 요금이 1원이었으므로 반값 할인인 셈이다. '두 명이 타야 한다'는 조건이 붙긴 했지만 판을 뒤흔든 가격 할인 경쟁인 셈이다. 이에 맞서 기존 택시 회사들 역시 할인권을 증정하거나 후불제를 도입하는 식으로 맞불 작전에 나섰다. 택시 간의 요금 할인 경쟁에 고스란히 피해를 본 대상은 다름 아닌 인력거였다.

일제강점기의 대표 잡지 『별건곤』에서는 종종 재미난 질문을 던지고 답변을 싣는 경우가 많았는데, 1933년 6월호에는 사람들에게 백만 원의 돈이 생긴다면 무엇을 할 것인지를 묻는 내용이 실렸다. 당시 경성부의 한 해 예산이 400만 원이라는 걸 감안하면 로또 당첨 이상의 큰돈이었다.

기자가 질문한 사람 중에 이 서방이라고 불리는 인력거꾼이 있었다. 백만 원이 생기면 뭘 할 거냐는 질문에 어리둥절하던 그는 곧 엉뚱한 대답을 했다. 백만 원이 수중에 쥐어지면 경성의 자동차를 모두 사서 부숴버릴 것이라고 한 것이다. 놀란 기자가 왜냐고 묻자 그 망할 놈의 자동차 때문에 먹고살수가 없다며 울분을 토했다. 보통 큰돈이 생긴다는 상상을 하면 행복한 것들을 떠올리는데 인력거꾼 이 서방은 그 순간조차 자동차에 대해 원망을 했다. 아마 이 서방은 손님의 재촉에 숨도 못 쉬고 달렸을 것이고, 흙먼지를 일으키며 앞지르는 자동차의 매연에 콜록거린 적이 많았을 것이다. 인력거꾼들이 자동차를 증오한 이유는 바로 생계였다.

¶ **회광반조**

회광반조란 해가 저물기 직전 일시적으로 햇살이 강해져

하늘이 밝아지는 현상을 뜻한다. 죽음 직전 갑자기 정신이 돌아오는 것을 뜻하기도 한다. 인력거 역시 사라지기 전에 회광반조를 맞이했다.

전차의 등장으로 휘청거리고 택시에 일격을 맞은 인력거는 1930년대 후반 미관을 해친다는 이유로 경성역에서도 쫓겨났다. 현진건의 소설에 나온 것처럼 인력거의 단골손님은 경성역을 오가는 사람들이었고, 십여 년 전에는 택시회사에서 승강장을 설치하려고 했을 때 자리가 없다는 이유로 거절당했는데 이번에는 인력거가 쫓겨난 것이다.

인력거가 들어가지 못한 경성역에 택시가 드나들었다. 인력거꾼은 먼발치서 그걸 지켜보던 지켜봐야만 했다. 하지만 1937년 중일 전쟁이 그런 상황을 바꿔버렸다. 전쟁의 여파로 미국의 경제제재를 가하자 가솔린의 수급이 어려워진 것이다. 경성과 경기도 택시 회사들은 심야 영업을 중단하는 등 타격을 입었지만 수백 대 수준으로 줄어든 인력거는 때아닌 호황을 맞이했다. 택시 영업이 줄자 손님이 늘었고, 경찰에서도 인력거꾼들의 요구했던 요금 인상을 허했기 때문이다. 인력거꾼은 요금을 둘러싼 손님과의 갈등을 줄이기 위해 택시에 달던 미터기를 달았다. 물론 자동차는 목탄을 사용하여 운행했지만 가솔린에 비해 성능도 속도도 나지 않았다. 이때 인력거가 택시의 역할을 완벽히 대체했다. 그리고 인력거꾼에게 뒤늦게 찾아온 이 전성기는 광복이 되는 1945년까지 이어졌다.

¶ 광복 이후의 인력거

광복 이후에도 인력거는 살아남았다. 일본인이 남기고 간 전차들이 제대로 정비를 받지 못하면서 잔고장을 일으켰고 자동차 역시 미군들이 타고 다니는 것 외에는 구경하기 힘들었던 것이다. 신문에서는 일제의 잔재라는 이유로 그만 타야 한다고 했지만 이는 구호에 그쳤다. 어쨌거나 인력거는 걷는 것보다 여러모로 편리했으니까.

광복 다음 해인 1946년에도 경찰은 인력거 요금을 정했다. 변한 건 거리를 킬로미터로 표시한다는 것과 받는 돈이 원으로 바뀌었다는 점이다. 1947년 서울이 시로 다시 승격되면서 경기도로부터 이관받은 교통 관련 업무에서 인력거는 버스, 전차, 우마차와 함께 이름이 올라 있다. 광복 이후에도 여전히 인력거가 거리를 오갔다는 증거이다. 물론 미군을 태우고 달리는 인력거꾼의 모습을 보면서 혀를 차는 지식인도 있었다. 그러거나 말거나 인력거꾼은 달리고 또 달렸다. 1947년 경찰청 통계에 따르면 서울의 인력거는 562대였다. 전차와 택시의 등장, 인력거 회사의 횡포, 광복을 지나 여기까지 굴러온 것이다.

이때의 인력거는 눈총의 대상이기도 했다. 공창이 폐지된 이후 은밀하게 이루어지는 매춘의 연결고리 역할을 한다는 이유에서였다. 전차와 자동차들이 다시금 늘어나면서 인력거는 틈새시장을 찾아야 했는데, 여성을 사려는 남성들을 태우

고 다닌다는 것이었다. 이런 상황은 한국 전쟁이 끝난 이후에
도 변하지 않았다. 그래서 1955년 5월쯤의 신문에는 전 세대
의 유물이자 사회악이라는 손가락질까지 받는다. 원자력 시
대에 인력거 시대가 말이 되느냐는 비판 어린 만평도 등장했
다. 사람이 사람을 끌고 다닌다는 것은 민주주의 국가에서 있
을 수 없는 일이라는 이유로 반대하는 이도 있었다. 이는 수
십 년 전 진남포의 기생이 했던 말과 비슷하다.

　비난의 대상이 된 인력거는 결국 1961년 관련 규정이 사라
지면서 폐지된다. 근대가 막 시작된 19세기 후반에 등장하여
끝나고 난 이후에도 끈질기게 버텼지만 끝내 사라져버렸다.

¶ 영화 〈인력거〉

　1960년대 인력거에 대한 기억은 인력거 자체보다는 영화
배우 김승호가 출연한 〈인력거〉라는 영화에 더 많이 남아있
다. 그의 대표작인 〈마부〉가 나온 같은 해인 1961년 5월 국도
극장에서 개봉한 작품이다.

　김승호가 〈마부〉에서 말몰이꾼으로 나온 것처럼 〈인력거〉
에서는 인력거꾼으로 나온다. 포스터에 나온 김승호의 복장으
로 봐서는 일제강점기가 배경이다. 김승호는 인력거를 끄는
인력거꾼으로 딸을 애지중지 키워서 학교에 보낸다. 딸은 학

교에 다니면서 애인도 만나고 사랑에 빠진다. 하지만 그녀의 아버지가 인력거꾼이라는 사실을 알고 애인이 냉정하게 돌아서자 엄청난 충격을 받았고 아버지 역시 세상을 떠난다. 슬픔과 좌절에 빠진 그녀는 급기야 기생이 되고 그런 그녀 앞에 옛 애인이 나타난다. 그는 자기 잘못을 뉘우치고 용서를 빈다. 그리고 그녀와 재결합한다.

● 영화 〈인력거〉 포스터(1961) ⓒ 한국 영상자료원

이 영화에서도 인력거꾼이 어떤 대접을 받았는지 엿볼 수 있다. 영화에서는 그나마 해피엔딩으로 끝났지만 현실에서는 거의 불가능했다. 김승호가 끄는 인력거를 끝으로 인력거는 우리 기억 속에서 사라져갔다.

인력거는 서양에서 시작된 근대가 동아시아를 찾아왔을 때 일본에서 만든 근대의 물건 중 하나다. 사람을 싼값에 고용할 수 있는 시대였으므로 사람이 사람을 끌고 가는 것은 그리 이상한 일이 아니었다. 하지만 진남포 기생들의 말처럼 사람이 사람을 태우고 다니는 것은 인권적인 처사로 보더라도 사라지는 것이 마땅하다. 현재 인력거는 우리나라와 일본의 몇몇 관광지에서 관광 상품으로써 만 존재한다.

석유풍로 (곤로)

부엌 문화를 바꾸다

근대 이전에는 난방하거나 조리하려면 아궁이에 불을 지펴야 했지만 풍로가 등장한 이후 석탄이나 전기로 편리하게 불을 얻을 수 있었다. 풍로는 곧 부엌의 필수품이 되었고 예전보다 편하게 음식을 요리할 수 있었다. 풍로가 가져온 변화는 부엌뿐만 아니라 생활 전체를 바꾸는 원동력이 된다.

¶ 박래품, 석유풍로

예전의 부엌은 한번 들어가면 나오기 힘들 정도로 일이 많았지만 오늘날의 부엌은 음식을 조리하는 공간이자 온 가족이 도란도란 식사하며 이야기를 나누는 소통의 장소가 되었다. 이것이 가능해진 이유는 부엌의 구조가 완전히 바뀌었기 때문이다.

우리나라 부엌은 아궁이에 솥이 고정되는 형태가 일반적이다. 장점은 있다. 무거운 솥을 움직이지 않아도 되었으며 아궁이에 불을 때면 온돌의 난방과 요리를 함께 할 수 있다. 적은 자원을 효율적으로 이용하기에 좋은 방식이다.

하지만 두 가지 용도를 하나로 쓰다 보니 불편한 여럿 있

● 숯불을 넣어 이용하는 풍로 ⓒ 국립민속박물관

었다. 대표적으로 요리를 위해 불의 온도를 맞출 수 없다. 한 여름에 방 안을 뜨겁게 만들 수는 없는 노릇이고, 거기다 여러 가지 요리할 때는 참으로 불편했다. 아궁이는 고정되어있는 데다 숫자도 제한적이었다. 보통 제일 큰 아궁이에 밥솥이 걸려있고, 나머지 아궁이에서 국을 끓였다. 아궁이는 장작을 넣어 불을 때는데 요리를 할 수 있을 정도로 온도를 올리려면 시간이 오래 걸렸다. 그래서 풍로나 세발솥 같은 보조 요리도구들이 오랜 기간 사용되었다.

그중 하나가 풍로로 주로 숯불을 넣어서 열을 내는 방식이다. 하지만 쓸 때마다 숯을 담아서 열을 내야 하는 터라 더없이 불편했다. 아궁이에서 숯을 잘못 꺼내면 화력이 갑자기 약해지거나 화상을 입을 위험도 있었다.

근대에 접어들어서도 부엌의 구조는 한동안 크게 달라지지 않았다. 하지만 곧 불편한 문제들을 해결하기 위한 노력이 이어졌고 드디어 '곤로'라고 하는 석유풍로가 등장했다. 석유풍로는 아궁이 앞에서 땀을 뻘뻘 흘리며 요리하던 주부의 일거리를 획기적으로 줄여주었고 부엌을 좀 더 편리하게 이용할 수 있도록 만들어주었다.

¶ 석유풍로의 탄생

아주 어릴 때, 집 한구석에는 낡은 석유풍로가 있었다. 그걸 쓰는 걸 본 적이 없어 그게 석유풍로라는 걸 알게 될 무렵에는 안 쓴 지가 하도 오래되어 군데군데 녹이 슬어 있었다. 그런데도 외할머니는 버리지 못하게 하셨다. 자리만 차지하는데 왜 버리지 않냐고 묻자 할머니가 대답했다.

"언제 불이 나갈지 모르잖아."

프로판 가스를 쓸 때였으니 만약 가스가 떨어지면 전화해서 배달시키면 될 일이었다. 그게 안 되면 휴대용 가스레인지도 있었다. 그래서 외할머니의 대답이 이해되지 않았다.

외할머니가 낡고 오래된 석유풍로를 왜 안 버렸는지는 훗

날 근대라는 시대를 이해하게 되면서부터이다. 아궁이에 불을 때던 시절에는 석유풍로가 아주 귀한 물건이었다. 그 시절을 살았던 외할머니는 연탄이나 프로판 가스를 쓰게 된 이후에도 석유풍로를 버리지 못하셨다. 지금의 석유풍로는 박물관의 한 자리를 차지하거나 감성을 자극하는 캠핑용품 정도로 취급받지만 외할머니가 젊었던 시절, 적어도 1970년대까지는 부엌에 없어서는 안 될 필수품이었다.

석유풍로는 근대에 일본과 함께 들어왔다. 그래서 석유풍로를 곤로(焜炉, こんろ/コンロ)로 부르는 경우가 많다. 내가 어릴 때만 해도 풍로보다는 곤로라는 말을 더 많이 썼다. 아직도 석유곤로라고 부르는 분도 있다.

일본이나 서양에서 제작한 풍로가 선보이면서 많은 변화가 찾아왔다. 아궁이와는 비교할 수 없을 정도로 빠른 시간에 강한 화력을 낼 수 있으니 요리가 다양해졌다. 숯불을 이용한 곤로처럼 준비 시간이 오래 걸리고 불 조절을 못해 쩔쩔매는 일도 드물어졌다. 요리를 하기 위해 한여름에 방을 뜨겁게 달굴 필요도 없었다.

석유풍로는 글자 그대로 석유로 열을 내는 조리용 도구이다. 보통은 원통형 몸체에 바닥이 넓고 가운데 심지 부분이 있고 위쪽에는 불이 올라오는 화구와 냄비나 주전자를 걸쳐놓을 수 있는 거치대가 있다. 신문 광고에 나온 초창기 석유풍로는 석유 버너에 가까운 형태였다. 그러다가 석유를 좀 더 많이 보관하고 안정성을 높이기 위해 원통형으로 바뀐 것으로 추정된다. 원리는 간단했다. 바닥에 석유를 담은 연료통이 있고 거기에 심지를 꽂은 방식이다. 심지에 불을 붙이면 자연스럽게 바닥의 등유가 심지를 타고 올라와 화력이 유지된다.

불을 붙일 때는 다이얼을 돌려 심지를 빼내어 성냥이나 라이터로 불을 붙이면 되고, 불

● 석유를 이용하는 취사용 도구 ⓒ 국립민속박물관

을 끌 때는 다이얼을 반대로 돌려서 심지를 공기와 차단했다. 어릴 때 봤던 석유풍로는 성냥으로 불을 켜자 엄청 빠르게 붙어 신기했다. 그 후 등장한 휴대용 가스버너와 프로판 가스와는 비교할 수 없을 정도로 느리고 불도 약했지만 그때는 '곤로'가 부엌의 구조와 우리의 일상을 바꾼 근대의 산물이었다.

¶ 석유풍로와 전기풍로의 공존

1926년 1월, 동아일보에 윤백남이라는 극작가이자 영화감독이 오 헨리의 〈크리스마스 선물〉을 번역해서 소개했다. 여

● 전기풍로 ⓒ 국립민속박물관

기에서 여주인공이 남편을 기다리면서 풍로에 커피를 끓이는 장면이 나온다. 원문에는 아마 스토브로 나왔을 텐데 윤백남은 그걸 풍로로 옮겨 적었다. 이 시기 요리할 때 석유풍로를 사용하는 게 일상적이거나 보편화되었다는 것을 의미한다. 신문에는 제품 광고도 많이 실렸고 이와 관련한 사건 사고 기사들도 많았다.

　일본어로 발행되던 부산일보 1925년 2월 25일 자 1면에는 대유행 중인 전기풍로가 부산에서도 호평받고 있다는 기사가 나온다. 이즈음 부산 같은 대도시에는 전기가 일상적으로 사용되었는데 그에 발맞추어 전기로 가열되는 풍로가 도입되었

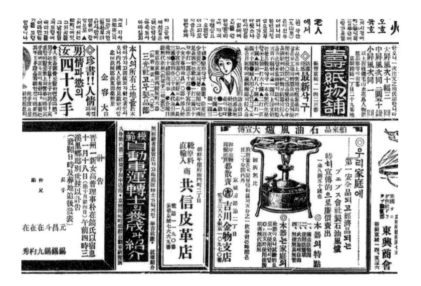

● 신문에 실린 석유풍로 광고 기사 ⓒ 조선일보 1925.11.23

다. 참고로 부산은 1920년대 조선 와사전기주식회사가 독점
하는 전기 설비를 공영화하자는 전기 부영화 운동이 활발하게
펼쳐진 곳이다. 민간 기업이 수익을 내기 위해 공공의 편리와
이익을 무시하면서 가격만 올리는 것에 대한 반발이었다.

　흥미로운 건, 전기 부영화 운동에 일본인과 조선인이 손을
맞잡았다는 것이다. 부영파라고 불리는 이들과 반대파인 전벌
파 역시 조선인과 일본인들이 나란히 포진했다. 경제적인 이
익이 지배와 피지배 민족이라는 관계를 뛰어넘었다. 이렇게
전기가 중요한 이슈가 된 것은 전기풍로 같은 전열기구의 사
용이 늘어났기 때문으로 보인다.

부산에서 전기 부영화 훈동이 한창이던 같은 해인 1925년 11월 23일 조선일보 3면 하단에 박래품 석유풍로의 광고 기사가 실린다. '박래품 석유풍로 대선전'이라는 타이틀 아래 석유풍로 그림이 그려져 있다. "우리 가정에 안전품 되고 경제품 된다"는 문구와 함께 석유풍로의 장점이 나열되어있다. 사용법이 간단하고 화력 조절이 가능하며 냄새가 나지 않는다는 내용이다. 뒤집어서 얘기하면 기존 석유풍로는 사용법이 복잡하고 화력 조절이 생각보다 쉽지 않았으며, 냄새도 난다는 뜻이었다. 석유를 연료로 사용할 경우 아무리 조심히 다룬다고 해도 그을음이 발생하는 걸 막을 수는 없었다. 거기에 석유 냄새가 음식에 배기도 하고, 연소가 제대로 안 되면 그을음이 생겨 냄비를 못 쓰게 만들기도 했다. 그렇다고 해도 아궁이에 비해서는 엄청나게 편리했다. 이동할 수 있고 그나마 불을 쉽게 붙이고 끌 수 있으며 장작을 쓸 때보다 그을음도 적었다. 다만 전기풍로보다는 번거로왔다.

¶ 풍로에 의한 화재 사고

아궁이만 쓰던 사람에게 석유풍로와 전기풍로는 신천지나 다름없었다. 불을 쓰는 도구를 쉽게 이동할 수 있다 보니 이전보다 화재가 빈번하게 발생했지만 말이다.

1925년 1월 18일, 부산 초량동 한 약종상의 집에서 석유풍로로 밥을 짓다가 화재가 발생했다. 다행히 2층 한쪽만 태우고 진화되었는데도 800원의 손해를 입었다. 현진건의 단편소설 〈운수 좋은 날〉에 나오는 김 첨지가 비를 뚫고 온종일 달리면서 번 돈이 3원이다. 택시가 등장하기 이전 경성의 인력거꾼들이 대략 한 달에 50원 정도를 벌었다고 하니 얼마나 거금인지 짐작할 수 있다.

1931년 석유풍로로 인한 화재가 연달아 벌어졌다. 5월과 11월에 각각 부산 초량과 금정에 있는 일본인 주택에서 화재가 발생했는데 모두 석유풍로에서 불이 났거나 폭발하면서 벌어졌다. 같은 해 9월 대구에서는 철도 관사에서 인명피해를 동반한 화재가 발생했다. 기관사의 아내가 밥을 짓기 위해 석유풍로에 연료를 붓다가 연료를 담은 통에 불이 옮겨붙으면서 폭발해버린 것이다. 이 사고로 24살의 아내가 온몸에 불이 붙었고 다섯 시간 만에 사망했다. 1932년 목포에서는 포목점에서 주인의 아내가 아침밥을 짓다가 연료를 쏟고 말았다. 그 바람에 불이 붙어 마침 옆집에서 놀러 온 일가족이 화마에 휩쓸렸고 세 명이 중상을 입었다.

석유풍로에 의한 화재는 가정집이나 상점에서만 일어난 것이 아니다. 1926년 12월 25일 함경북도 성진에 있는 북선 운수회사의 성진지점 자동차 창고에서 큰불이 났다. 오전 10시 반에 시작되어 한 시간 만에 꺼지긴 했지만 창고 안에 있던 자동차 한 대와 석유 상자들을 비롯한 각종 자동차 부품을 모두 태워버렸다. 이 화재는 자동차의 물통을 데우기 위해 풍로를 갖다댔는데 거기에서 튄 불똥이 석유 상자로 옮겨가면서 시작되었다. 인명피해는 없었지만 1,500원의 재산 손실이 일어났다.

1934년 8월에는 월미도에서 화재가 발생했다. 해수욕장에 천막을 치고 해수욕하고 밥을 먹으려던 일본인 회사원이 불을 붙이다가 석유풍로가 폭발해버린 것이다. 그 밖에 병원에서 주사기를 소독하기 위해 석유풍로를 켰다가 실수로 석유가 든 병을 걷어차면서 불이 붙은 사례도 있었다.

이러한 사건 사고가 계속해서 일어나 풍로는 굳건히 대세로 자리 잡았다. 다만 기존 제품의 약점을 보완할 만한 발명품들이 나오기 시작했다.

¶ 환상의 풍로

1926년 동아일보에는 서대문에 사는 직장인 이상룡 씨가 개발한 신형 풍로에 대한 소개 기사가 나온다. 함석으로 만든 이 풍로는 무연탄, 목탄, 석탄, 나무 등 다양한 연료를 쓸 수 있는데 이상룡 씨는 무연탄과 목탄을 쓰는 게 좋다고 밝혔다. 성능은 12분 정도면 밥을 짓고 고기를 익히고 찌개를 만들면서 물까지 데울 수 있다고 설명했다. 무연탄을 이용하면 몇 시간

동안 계속 요리를 만들 수 있다면서 동포들에게 도움이 되었으면 좋겠다는 소감을 덧붙였다.

다음 해인 1927년 동아일보에서는 평양의 대곡상점 주인인 최덕윤이 개발한 낙랑 곤로 소개 기사를 볼 수 있다. 요리와 난방을 겸할 수 있는 이 곤로는 석탄을 사용하며 연료가 굉장히 많이 절약된다고 하는데 어떤 방식으로 절약하는지는 나와 있지 않다.

두 사람의 발명품 모두 실용화되지는 못한 것으로 보인다. 하지만 적은 연료로 음식과 난방을 해결할 수 있는 제품이 개발되었다는 소식은 풍로에 대한 사람들의 요구를 짐작하게 한다. 그런가 하면 1934년 조선일보는 소련에서 태양열을 이용해 풍로 없이도 요리할 방법을 발견했다며 이를 소개하고 방법을 알려주는 기사를 싣기도 했다.

한편 어떻게 하면 흙으로 된 풍로를 오래 쓰는지에 대한 기사도 볼 수 있다. 흙으로 만든 풍로는 가볍고 불이 잘 일어나지만 금이 가거나 깨지기 쉽기 때문에 각별히 조심해야 한다고 했다. 그러면서 소금물에 담갔다가 며칠 동안 잘 말린 후에 쓰되 처음에는 미지근한 불을 써서 길들인 다음에 사용하라는 이야기를 했다. 그러니까 풍로를 대체할 만한 뭔가를 찾으면서도 계속해서 풍로를 잘 쓰는 법에 관한 이야기를 하고 있다. 당시 사람들이 풍로를 어떻게 인식했는지, 어떤 풍로를 갖고 싶었는지, 그런데 현실은 어떠했는지를 보여주고 있다.

● 태양열을 이용하는 방법을 소개한 기사 ⓒ 조선일보 1934.01.09

어쨌든 당대 사람들에게 연료를 절약하면서 요리와 난방을 해결하는 문제는 굉장히 중요한 일이었고, 결국 이런 점들이 석유풍로의 등장과 보급을 가져왔다. 신문에 연재된 심훈의 소설 〈상록수〉를 보면 커피를 끓이거나 찌개를 데우는 용도로도 석유풍로가 사용되었는데 그만큼 보편화되었다고 볼 수 있다.

¶ 석유풍로의 조상, 숯불을 이용한 풍로

석유풍로 이전에는 숯을 사용했다. 나무보다 비싸지만 그나마 석유보다는 구하기 쉬웠기 때문이다. 일제강점기의 신문을 보면 숯을 넣어서 쓰는 풍로에 어떻게 불을 쉽게 붙일 수 있는지와 같은 내용이 종종 나온다.

사실 풍로는 바람을 이용한 화로라는 의미다. 이 얘기는 풍로에 어떤 연료를 쓰는지에 따라 앞에 붙은 명칭이 달라질 수 있다는 점을 의미한다. 그렇다면 우리는 풍로를 언제부터 썼을까? 풍로에 관한 기록들은 고려 시대부터 나온다. 물론 기록이 그렇다는 말이고 아마 그 이전부터 사용했을 것으로 보인다. 어쨌든 당시의 풍로는 이름 그대로 바람이 들어오는 구멍이 있는 화로라는 의미였다. 바람을 강조한 이유는 불이 잘 붙게 하려는 목적 때문이다. 오늘날 고깃집에서 숯불을 가져다주고 불구멍을 활짝 여는 원리와 같다. 바람이 들어가면 화력이 높아지는 것은 아주 오래전부터 불을 다루는 사람들의 기본 상식이었다.

고려시대에는 지금처럼 온돌을 쓰지 않았다. 그래서 바닥에 두꺼운 천이나 두툼한 돗자리를 깔아서 추위를 막았다. 온돌이 없으니 아궁이 역시 존재하지 않았다. 그래서 요리를 하려면 도구가 필요했다. 당시에 많이 쓰인 것이 세 발 달린 솥과 풍로였는데 주로 흙과 쇠로 만들어졌고 안에 숯불을 담아

● 청동으로 만들어진 세발솥 ⓒ 국립중앙박물관

● 경주 안압지에서 발견된 아궁이와 연통을 갖춘
풍로. 위쪽으로 음식물을 끓이거나 데울 수 있
도록 두 개의 구멍이 있다. ⓒ 국립경주박물관

위쪽으로 열기가 올라가게 해서 음식을 만들 수 있었다.

이색과 정몽주의 시에도 풍로가 등장하고, 김종직 역시 풍로에 눈을 녹인 물로 차를 우려 마신다는 글을 남겼다. 삼강행실도에 그려진 풍로를 보면 세발솥처럼 짧은 세 개의 다리를 가지고 있고 위쪽은 꽃잎 모양처럼 벌어져 있다. 몸통 아래쪽으로는 구멍이 보인다. 아마 위쪽으로 불붙은 숯을 넣은다음 주전자나 냄비 같은 걸 올려놓고 조리를 했을 것이다.

앞서 살펴봤듯 일제강점기에는 커피를 끓이거나 찌개를 데우는 용도로 석유풍로를 사용했다. 고려와 조선시대 풍로 역시 작은 솥을 올려놓고 물을 데워서 차를 마시거나 음식을 조리한 것으로 보인다. 남아있는 청동으로 된 풍로를 보면 꽃잎처럼 벌어진 위쪽 안에 뭔가를 걸쳐놓을 수 있는 테두리가 둘려 있다. 아마 솥을 올려놓고 고정해놓는 용도였을 것이다. 고려와 조선시대에 걸쳐 사랑을 잔뜩 받은 숯불 풍로는 조선 중기로 접어들면서 그 사용이 차츰 줄어들었다.

¶ 온돌의 확산과 풍로

숯불 풍로 사용이 줄어든 이유는 온돌의 확산과 관련이 깊다. 사실 온돌이 일상화된 것은 우리 생각보다 오래되지 않았다. 대략 조선 중기쯤인데 이전에는 온돌이 아주 일부분에만 설치되었다. 대부분은 바닥에 널빤지를 깔고 카펫 같은 모전을 깔고 병풍을 쳐서 외풍을 막았다. 온돌의 확산 시기는 연구자마다 다르게 보지만, 나는 조선 중기쯤이 아닐까 생각한다.

고려시대를 배경으로 한 시와 문헌에는 숯불과 청동화로로 난방을 해결한다는 내용과 등매석이라고 불리는 두툼한 돗자리를 깔아서 바닥의 추위를 막았다는 기록이 나온다. 난방을 위해 화로나 풍로를 사용했는데 환기 시설이 없는 방 안에서 사용해야 했기 때문에 숯불을 이용할 수밖에 없었다고도 했다. 그러니까 조선 전기까지의 집 안 풍경은 우리가 알고 있는 것과 사뭇 다르고 풍로의 위상도 지금과 달랐다는 사실을 알 수 있다. 특히 차를 자주 마시던 고려시대에는 물을 금방 데울 수 있는 숯불 풍로가 사대부의 필수품이자 애용품이었다고 상

● 아궁이에 바람을 불어넣어 화력을 조절하는 풍로 ⓒ 국립민속박물관

상해볼 수 있다.

하지만 조선 중기에 접어들어 온돌이 확산되면서 부엌에 아궁이가 자리 잡게 되자 조리와 난방을 한 번에 해결하는 방식으로 아궁이에 솥이 고정되었다. 그러면서 숯불 풍로는 세발솥과 함께 설 자리를 잃게 된 것이다.

그렇다고 해서 숯불 풍로가 완전히 사라진 것은 아니다. 아주 특수한 용도로 살아남았는데 바로 한약을 다리는 용도이다. 약재들은 몇 시간 동안 천천히 다려야 하는데 아궁이는 적당하지 않았다. 그래서 보통은 흙으로 된 풍로에 약탕기를 올려놨다. 가끔 사극에 풍로 앞에 쪼그리고 앉아 부채질하며

약을 다리는 장면이 자주 나왔다. 이후에도 풍로는 그럭저럭 살아남았다. 그래서 석유풍로가 처음 선보였을 때 사람들은 낯설고 신기해하면서도 금세 받아들였는지 모른다. 또는 이미 석유램프를 쓰면서 심지에 불을 붙이는 것이 익숙해졌기 때문일 수도 있다.

● 약탕기와 풍로 ⓒ 한국중앙연구원, 유남해

석유풍로는 숯불보다 화력이 좋고 빨리 가열된다는 점이 가장 인기를 끄는 요인이었다. 한국인의 '빨리빨리' 문화와 맞아떨어지기도 한다. 비록 화재의 위험성이 높았지만 사람을 해친다고 해서 부엌에서 칼을 치워버리는 사람이 없는 것처럼 불이 무섭다고 풍로를 싫어하는 사람은 없었다. 일제강점기 동안 석유풍로는 신문 광고에 자주 등장했고 그런 추세는 광복 이후에도 이어졌다.

¶ 전기와 연탄을 제치고 경쟁에서 승리한 석유풍로

광복 이후에도 석유풍로는 사랑받았다. 1949년 동화백화점에서 열린 국산품 전시회에서는 국산 석유풍로가 당당히 한 자리를 차지하고 있었다. 수출까지 할 예정이므로 더 이상 국산품을 무시하지 말라는 기사도 남아있다. 한국 전쟁 이후에도 석유풍로는 꾸준히 판매되었다. 당시 신문에는 유사품을 주의하라는 문구와 함께 여러 업체에서 제작한 석유풍로의 광고가 실렸다. 특히 석유가 안정적으로 공급되던 1960년대에는 석유풍로의 보급률이 높아졌다.

사실 석유풍로보다 편리한 전기풍로가 있긴 했지만 전력 사정이 좋지 않던 당시 상황에 적합한 상품은 아니었다. 연탄 또한 초창기라 공급량이 일정하지 않았고 품질도 낮았기 때문에 여유가 되면 다들 석유풍로를 장만하기 위해 애를 썼다.

1971년 신문 대담을 보면 우리나라는 석유풍로를 마음껏 쓸 수 있는 부자 나라가 아니라는 언급이 나온다. 석유풍로가 당시 얼마나 고가품이었는지 알 수 있는 대목이다. 그래서 할부 판매의 대상이 되거나 계를 드는 경우도 있었다. 심지어 받침대를 떼어 낸 석유풍로를 아궁이에 넣어 난방하는 경우도 많았다. 시간이 지나 연탄이 제대로 공급되면서 연탄이 난방을 겸한 요리용으로 사용되긴 했지만 연탄을 쓰지 않는

● 연탄을 이용해 불을 피우는 풍로
ⓒ 국립민속박물관

여름에는 석유풍로로 요리하는 경우가 많았다.

¶ 석유풍로의 가치

석유풍로는 제작업체가 수백 개에 달할 정도로 인기가 많아 백화점 바겐세일 품목에 자주 등장했고 신문 광고에도 자주 나왔다. 그중에는 일본 회사와 합작해서 제작했다는 광고도 적지 않았다. 기술력을 강조한 것인데 사실 석유풍로는 상공부*에서 해외 합작 투자와 기술 도입을 권장한 400여 개의 물품 중 하나였기에 일본과의 합작이나 기술 도입이 비교적 수월했다.

하지만 1970년대에도 석유풍로는 사용이 늘어난 만큼 화재 사고의 원인으로 자주 언급되었다. 일제강점기와는 비교할 수 없을 정도로 신문이나 잡지에는 석유풍로 때문에 일어난 화재 기사가 끊이지 않았다. 1970년 3월 연세대학교 기숙사에서 과열된 석유풍로의 열기가 침구로 옮겨붙어 화재가 발생했다. 인명피해는 없었지만 기숙사를 상당 부분 잿더미로 만들어버렸다. 같은 달 성북구 월곡동에서는 집에 있던 석

---

*   1948년 상업·무역과 공업에 관한 사무를 장리(掌理)하기 위해 설치되었던 중앙행정기관을 말한다. 1993년 동력자원부와 통폐합되어 상공자원부로 바뀌었다.

● 연료현대화 전시회에서 석유곤로를 살펴보고 있는 시장의 모습(1968) ⓒ 서울역사박물관

유풍로가 폭발하면서 지붕이 날아가는 사고가 발생했다. 길을 가던 학생 등 4명이 중상을 입었다. 아마도 가벼운 슬레이트 지붕이었겠지만 그래도 지붕이 부서질 정도의 파괴력을 보여 준 것이다.

그런가 하면 시민회관에서 열린 청룡영화제 시상식에서 부상으로 주어지는 물품 중에 석유풍로가 있었다. 당시 석유풍로는 남에게 선물로 줄 만한 물품이었고 부상으로 주어져도 이상하지 않았다. 그 밖에도 여름의 물가 동향을 파악할 때 사치품으로 분류되어 소개되기도 했다. 특이한 것은 여름이 되면 석유풍로가 더 나간다는 것이었다. 이 밖에 불량상품 고발센터의 주된 단골손님이 석유풍로였다는 기록도 있다. 백화점에서 산 풍로의 자동 점화장치가 한 달 만에 고장 나고 심지가 제대로 올라오지 않는다는 고발이 접수되기도 했다.

¶ 가스레인지의 등장과 석유풍로의 종말

이렇게 오랫동안 전성기를 누리던 석유풍로의 인기는 가스레인지의 등장으로 시들어갔다. 1970년대 초반부터 서서히 사용되기 시작한 가스레인지보다 석유풍로를 사라지게 한 결정타는 1973년 제1차 오일 쇼크였다. 석유 가격이 급등하면서 석유풍로에 쓰이는 백등유의 가격도 올랐고 석유 가격의 상승은 프로판 가스의 보급으로 이어졌다. 사람들은 애지중지하던 석유풍로를 한쪽 구석에 치워놓고 프로판 가스로 작동하는 가스레인지를 장만했다.

가스레인지는 상대적으로 화재의 위험성이 낮고 가벼워 휴대와 이동이 간편했다. 석유풍로처럼 냄새도 나지 않고 화력도 강력했기 때문에 석유풍로는 더욱 빠르게 사라졌다. 그나

● 한국 최초의 도시가스 점화식(1975) ⓒ 서울역사박물관

● 휴대용 가스레인지 부르스타 ⓒ 국립민속박물관

마 프로판 가스를 쓸 수 없는 야외나 시골에서 늦게까지 사용되었지만 그것도 1980년, 우리가 보통 '부루스타'라고 부르는 휴대용 가스레인지의 등장과 함께 설 자리를 잃고 말았다.

박래품으로서 우리 곁에 한참을 머물렀던 석유풍로는 서서히 잊혔다. 우리 외할머니같이 불이 귀한 시절을 기억하는 사람들이 혹시나 하는 마음에 버리지 못한 것을 제외하고는 말이다.

축음기

소리로 근대를 느끼다

소리는 한번 발화하면 더 이상 재생할 수 없다. 하지만 축음기
는 그 불가능을 가능으로 만들었다. 목소리를 저장한 다음 기계
장치를 통해 재생할 수 있게 되면서 원하는 음악을 언제든지 들
을 수 있게 된 것이다. 다양한 음악이 레코드에 담겼다가 축음
기를 통해 재생되었고 사람들은 비로소 근대의 문물로 소리를
즐기게 되었다.

¶ 가무를 사랑하는 우리 민족

《삼국지》위서 오환선비동이전에 고구려인의 흥미로운 모습을 전하는 기록이 있다.

고구려인들은 노래와 춤을 좋아하며 나라 안의 읍락에 밤 중에 남녀가 무리를 지어 모여 서로 노래하며 논다.

그냥 노래방도 부족해서 코인 노래방이 있고, 음악 서바이벌 프로그램을 할 때마다 화수분처럼 노래 잘하는 사람들 튀어나온다. K-POP이 전 세계를 강타하는 이유를 멀리서 찾을 필요가 없다. 그냥 음악은 우리와 떼려야 뗄 수 없다. 그래서 일까? 유성기와 음반만큼은 다른 근대 사물들처럼 거부감이 없었다. 오히려 호기심의 대상이었고 월급의 두세 배나 되는 비싼 축음기를 어떻게든 장만하려고 애를 썼다.

어린 시절 일요일 오전이 되면 계절에 상관없이 집 안의 창문을 모두 열고 대청소하던 어머니의 모습이 기억난다. 어머니는 청소하기 전에 항상 음악을 틀어 놓곤 하셨다. 시커먼 플라스틱 뚜껑 같은 걸 열어 음반을 올려놓고 버튼을 누르면 바늘 달린 팔이 천천히 안쪽으로 움직여 회전하는 음반의 모서리에 살짝 내려앉았다. 그러면 지직거리는 소리가 들리고 잠시 후 알아들을 수 없는 외국 노래가 나왔다(그것이 샹송과 재즈라는 것은 나중에 알았다).

선율이 흐르고 어머니가 집안 곳곳의 먼지를 터는 것이 일요일 오전의 우리 집 풍경이었다. 어머니는 음반을 틀던 기계를 전축이라고 불렀다. 그것이 전기 축음기의 줄임말이라는 것도 나중에야 알았다. 지금은 다른 기계에 밀려 골동품 취급을 받고 있지만 축음기는 한 때 집, 상점, 다방, 음식점 등의 공간에서 음악을 들려주던 귀한 물건이었다.

DJ라고 부르는 사람이 유리가 둘러진 공간에서 신청 곡을 받아 틀어주는 모습도 기억난다. 그런데 어느 순간 그런 모습들이 신기루처럼 사라졌다. 전축보다 편리하게 음악을 들을 수 있는 수단들이 이것저것 늘어났다. '마이마이'라고 부르는 휴대용 카세트테이프가 사람들의 허리춤과 주머니에 꽂혔고

'콤팩트디스크'가 등장했다. 지금은 휴대폰으로 유튜브 등을 통해 음악을 듣는다. 이제 전축은 나이 든 사람에게도 옛날 물건이 되었고 요즘 세대에게는 낯선 존재가 되어버렸다.

축음기 또한 다른 근대 문물과 마찬가지로 더 뛰어난 기술이 발명되자 역사의 뒤안길로 사라져버렸다. 축음기를 사라지게 만든 어머니의 전축도 1980년대를 넘기지 못하고 어디론가 없어졌다. 그 많던 음반을 지금은 찾을 수도 없다. 하지만 음악이 사라진 것은 아니다. 근대라는 시대가 전근대와 현대를 이어주는 연결고리 역할을 한 것처럼 축음기와 음반 역시 음악을 언제 어디서나 들을 수 있다는 걸 알려주고는 사라졌다.

그렇다면 축음기는 어떻게 만들어졌고, 언제 어떤 계기로 우리 곁에서 사라져갔을까?

¶ 소리를 담아 재생하는 기술의 발전

소리는 발화되는 순간 사라진다. 너무나 당연해서 누구도 의문을 품지 않았다. 간혹 소리를 흉내 내는 경우가 있긴 하지만 그건 따라 하는 것에 불과했다. 사라진 소리는 두 번 다시 돌아오지 않았다.

과학이 발전하면서 이 불가능한 과제에 도전한 인물들이 생겨났다. 그중 가장 잘 알려지고 성공한 인물이 우리가 아는 발명왕 토머스 에디슨이다. 그는 1877년 소리를 녹음한 음반과 재생하는 기계인 축음기를 만들었는데 이를 '포노그래프'라고 불렀다. 최초로 녹음되고 재생된 소리는 에디슨이 직접 부른 동요였다고 한다.

초창기 음반과 축음기는 오늘날과는 여러모로 형태가 달랐다. 실린더 레코드라고 부르는 음반은 우리가 알고 있는 원반이 아니라 원통 형태였다. 납이나 왁스를 표면에 바른 원통형 레코드에 미세한 홈을 파고, 바늘을 올려 소리를 재현해내었다. 소리를 녹음해서 재생한다는 어마어마한 진보를 이루었지만 초창기의 모든 발명품이 그렇듯 기술적으로 부족하고 내구성도 약해서 상업적인 성공을 거두지는 못했다.

에디슨이 해내지 못한 성공을 바다 건너 독일에서 온 에밀 베를리너라는 발명가가 해냈다. 전쟁을 피해 미국으로 온 그는 어깨 너머로 과학을 배웠다. 처음에는 전화기 분야에서 두각을 나타냈는데 최초의 전화기를 발명한 것으로 알려진 알렉산더 그레이엄 벨의 연구소에서 일한 영향이었을 것이다.

벨의 연구소에서 나온 이후 베를리너는 음반에 관심을 기울였다. 그즈음 토머스 에디슨의 포노그래프가 등장하긴 했지만 상업적인 성공까지는 이르지 못한 상태였다. 베를리너는 에디슨과 다른 방식으로 접근했다. 그는 에디슨이 만든 원통형 실린더 레코드의 단점을 분석해서 원반 형태의 음반인 SP 레코드Standard-Playing Record와 재생시킬 수 있는 그라모폰을 개발

● 에디슨 표준형 축음기, 측면의 손잡이를 돌려 실린더 레코드를 재생하는 방식 ⓒ 국립민속박물관

● 나팔형 축음기. SP 레코드를 재생한다. ⓒ e뮤지엄, 국립중앙박물관

● SP 레코드 ⓒ 국립민속박물관

했다. 그가 개발한 SP 레코드는 소리를 저장하는 홈이 파여 있는 원반 형태, 그러니까 우리가 흔히 레코드판이라고 부르는 음반이다. 1887년 자신이 개발한 축음기와 레코드로 특허받은 베를리너는 곧 포노그래프와의 경쟁에 돌입한다. 사실 음질 자체는 실린더 레코드가 뛰어났지만 내구성이 떨어지고 가격은 비쌌다. 그라모폰 역시 초창기에는 손으로 직접 돌려야 한다는 불편함이 있었지만 가격 면에서는 훨씬 저렴했다. 게다가 엘드리지 존슨이라는 사람이 만든 모터를 장착하면서 손으로 돌려야 하는 단점도 극복했다.

시간이 흐르면서 기술적인 문제들이 하나씩 해결되었다. 초창기 그라모폰을 보면 바늘이 있는 사운드박스에 소리가 나는 나팔이 달려 있어 이를 지탱해야 하는 지지대를 별도로 설치해야 했다. 그런데도 나팔의 무게에 사운드박스의 바늘이 눌려 부러지거나 소리가 제대로 나지 않는 경우가 많았다. 그에 대한 해결책으로 나팔을 본체에 설치하는 방식이 20세기 초반 개발되었다. 그러자 사운드박스가 눌리는 문제점도 해결되었을 뿐만 아니라 지지대를 설치하지 않아도 되었다.

나팔의 재질도 초창기에는 황동으로 만들었다가 나중에는 음질을 더 좋게 하는 마호가니로 만들었다. 하지만 나팔 자

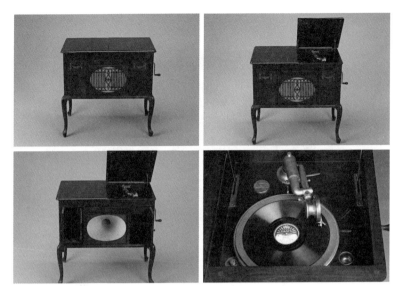

● 1930년대의 대형 부룬스윅(Brunswick) 축음기. 레코드 보관함과 장식용 함이 있고 다리가 달려
있다. 가운데에 혼(horn)이 내장되어있고 경첩으로 뚜껑이 연결되어있어 덮개를 분리하지 않아도
개폐가 가능하다. ⓒ 서울역사박물관

체가 축음기의 부피를 크게 만드는 원인이었다. 그래서 소리
가 나는 나팔을 아예 축음기 몸통에 집어넣는 내장형 축음기
들을 뒤따라 개발했다. 축음기의 나팔 문제를 얼마 되지 않아
해결되었다.

나팔 문제를 해결한 사람 역시 엘드리드 존슨이다. 그는 빅
터 레코드사를 차려 초창기 음반 시장에 막대한 영향력을 끼
쳤다. 하지만 유럽에서는 내장형 축음기가 나온 이후로도 계
속해서 나팔형 축음기가 생산되었다. 나팔로 소리를 듣는 것
이 더 고풍스럽다는 이유였다.

● **가방 크기의 휴대형 축음기** ⓒ 국립민속박물관

마지막 문제점은 크기였다. 나팔이 없어졌다고 해도 축음기는 여전히 크고 무거웠다. 기술적인 문제도 있었지만 만드는 사람과 사들인 사람 모두 축음기는 집 안 어딘가에 고정해놓고 들어야 한다고 생각했다. 이 선입견은 축음기의 활용도가 늘어나면서 서서히 무너졌다. 특히 1914년 발발한 제1차 세계대전이 그러했다.

이전 전쟁과는 비교할 수 없을 정도의 총력전이 펼쳐지면서 엄청난 인명 피해가 발생했다. 지옥으로 변한 전쟁터에서 병사들의 몸과 마음은 점점 피폐해졌다. 이런 이들을 위로해주는 데 음악은 더없이 좋았지만 최전선까지 가수나 악단을 데리고 갈 수는 없었다. 이때 축음기가 유용했다. 문제는 당시의 축음기가 여전히 크고 무거웠다는 것이다.

1915년 영국의 악기상이자 발명가인 바넷 새뮤얼은 데카둘세폰이라는 휴대용 축음기를 세상에 선보였다. 지금 기준으로 보면 휴대용이라는 표현을 쓰기 민망할 정도로 컸지만 당시 휴대용 여행 가방 정도 크기로 줄였다는 것은 대단한 혁신이었다.

가방처럼 들고 다니다가 뚜껑을 열면 휴대용 축음기가 된다. 몸체에는 음반을 올릴 수 있는 턴테이블이 있었고 측면으로는 태엽을 감을 손잡이를 꽂는 구멍이 있었다. 뚜껑 쪽은 움푹 들어간 사발 모양의 금속판이 있었는데 일종의 반사판으로 소리를 바깥으로 보내는 역할을 했다.

데카 둘세폰은 참호 축음기라는 별명으로 불릴 정도로 병사들의 사랑을 받았다. 언제 죽을지 모르는 두려운 상황에서 음악은 치료제이자 안식처였다. 전쟁이 끝난 후에도 축음기의 소형화는 계속되었다.

¶ 서양과 함께 조선으로 건너오다

20세기 초반이 되면 에밀 베를리너가 개발한 그라모폰과 SP 레코드는 미국뿐만 아니라 전 세계로 전파된다. 조선도 예외는 아니었다. 축음기를 마냥 환영하지는 않았다. 고종이 전구를 들여와 향원정 일대를 환하게 밝혔을 때 낮과 밤이 바뀌는 건 하늘의 뜻을 거스르는 일이라면서 반대 상소가 빗발쳤던 것처럼 나팔이 붙은 작은 기계에서 사람 목소리와 음악이 흘러나오자 거부감을 느끼는 사람도 있었다. 그들은 축음기를 보고 귀신이 소리를 내는 기계라고 했다. 그래서 축음기를 가진 사람과는 교류하지 않거나 혼사를 맺지 않는 경우도 있었다. 사진기가 처음 들어왔을 때 찍히면 영혼이 빼앗긴다는 소문이 난 것과 비슷하다.

축음기가 소개되면서 생긴 사자성어도 있다. 십년감수(十年減壽)라는 말인데, 고종이 축음기를 듣다가 박춘재 명창의 목소리를 듣고는 깜짝 놀라서 외쳤다는 말에서 유래가 되었다.

"춘재야! 기계에 기운을 빼앗겼으니 네 수명이 십 년은 감해졌겠구나."

궁내가무별감을 지닐 정도로 고종의 총애를 받던 박춘재는 가무와 발탈*의 명인으로 알려져 있으며 명창으로도 이름이 높았다. 그의 명성은 바다 건너에 일본에도 전해졌다. 1911년 일본 축음기 상황에서 심정순, 문영수 등과 함께 박춘재의 소리도 녹음해서 음반으로 발매했다. 고종이 들은 소리는 이 음반으로 추측된다. 나라를 잃고 덕수궁에 유폐된 고종이 축음기 나팔에 귀를 기울이다가 화들짝 놀라는 모습을 상상하면 웃기기도 하고 서글프기도 하다.

그렇다면 우리 조상들은 언제 처음 축음기를 접했을까? 기록을 살펴보면 상당히 이른 시기에 축음기와 음반을 접한 것으로 보인다. 에디슨이 포노그래프를 만든 지 3년 후인 1880년 대동강으로 올라온 이양선에 탄 프랑스 선교사가 평안감사에게 축음기로 음악을 들려준 것이다. 6년 후인 1886년 아산의 해미 현감 또한 독일인 오페르트에게 초대받아 배에 올랐다가 포노그래프를 접한다. 다음 해인 1887년에는 알렌이 초대 미국 공사로 부임하면서 포노그래프를 가지고 들어온다. 이 땅에 처음으로 축음기가 발을 들여놓은 것이다.

---

*   한쪽 발에 탈(가면)을 씌워서 연희하는 예능. 중요무형문화재 제79호 [출처: 한국민족문화대백과사전(발탈)]

특이한 점은 초기에는 축음기라는 이름보다는 '유성기'라고 불렀다는 것이다. 당시 신문 기사를 보면 축음기보다 유성기라는 단어가 더 많이 나온다. 축음기는 '소리를 모으는 기계'라는 뜻이고 유성기는 '소리가 머무는 기계'라는 뜻이다. 유성기라는 명칭으로 우리는 당대 조선인이 이 사물을 어떻게 생각했는지 알 수 있다. 그때까지만 해도 어떤 특정 장소에 가서 연주자가 하는 소리를 듣는 것은 당연했다. 그런데 서양에서 온 요상한 기계 안에서 소리가 들렸으니 처음에는 기계 안에 사람이 들어가 있다는 소문까지 돌았다. 청나라와 일본을 통해 서양의 존재와 기술적인 진보를 접한 이들마저 축음기를 보고는 놀랄 정도였다.

1899년 독립신문에 광통교 남천변 첫 번째 골목 첫 번째 집에서 서양의 유성기를 판매한다는 기사가 실렸다. 처음에는 유성기의 값이 비싸 판매보다는 돈을 받고 소리를 들려주는 경우가 많았다고 한다. 이즈음부터 사람들에게 소리가 나는 기계가 낯설지 않았나 보다.

우리나라 사람이 부른 노래를 최초로 녹음한 것도 이 즈음이다. 1896년 미국 워싱턴에 사는 인류학자 멜리스 플레처의 집에 안정식을 포함한 세 명의 조선인이 방문했는데 이때 멜리스 플레처가 그들에게 조선의 민요를 불러달라고 요청하면서 이루어졌다. 세 명은 각자 혹은 둘이서 〈아리랑〉을 포함해서 총 11곡을 불렀다. 우리 민족 최초로 목소리가 녹음된 날이다. 멜리스 플레처는 이들이 부른 노래를 6개의 실린더 레코드에 담았다고 한다.

¶ 머나먼 독일 땅에서 우리 가락이 녹음된 사연

비슷한 사례는 약 20년 후 독일에서 반복되었다. 1914년 사라예보에서 발생한 오스트리아-헝가리 이중제국의 황태자 프란츠 페르디난트 대공의 암살에서 비롯된 제1차 세계대전은 유럽 국가들을 전쟁의 불구덩이로 밀어 넣었다. 그중에서는 프랑스 동맹국이었던 러시아도 포함되어있었다.

러시아는 오스트리아 – 헝가리 이중제국을 편든 독일에게 선전포고하고 대군을 동원해 공격에 나섰다. 처음에는 독일군이 프랑스를 공격하기 위해 주력이 서쪽으로 이동한 상태라서 손쉽게 진격했다. 하지만 탄넨베르크에서 힌덴부르크가 지휘하는 독일군에게 대패하고 만다. 10만 명이 넘는 전사자가 발생하고 적지 않은 수의 포로가 발생했다. 이때 독일군에게 포로로 잡힌 러시아군 중에 조선인도 포함되어있었다. 19세기 후반 흉년과 관리의 수탈을 피해 얼어붙은 두만강을 건너 간도와 연해주로 떠난 조선인들이었다. 이들이 제1차 세계대전에 러시아군으로 징집되었다가 포로로 잡혀 낯선 독일 땅에 끌려간 것이다. 당시 블라디보스토크 일본 총영사의 보고

서에는 4,000명의 조선인이 장교와 사병으로 제1차 세계대전에 참전했다고 나온다.

독일은 러시아군 포로 중 소수 민족을 골라서 그들의 풍속과 음악을 수집했다. 연해주에서 살다가 군대에 끌려와 포로로 잡힌 조선인들 역시 그 대상이었다. 1916년 가을부터 다음 해인 1917년 봄까지 독일 포로수용소에 갇혀있던 이들은 축음기 앞에서 자신이 부모에게 배웠던 조선의 전통 민요들을 흥얼거렸다. 그레고리 김, 스테판 안, 니콜라이 유, 가브리엘 강, 니키포르 유로 구성된 다섯 명이 주인공이다. 20대 초반에서 40대 초반까지의 그들은 조선인 이주민 2세와 3세들로 조선 땅을 밟아보지도 못했다. 그런 그들이 부모의 애환이 서린 노래를 포로 신분으로 낯선 사람들 앞에서 불렀을 때 어떤 심정이었을지 상상조차 가지 않는다. 가브리엘 강과 니콜라이 유는 독립군 군가를 불렀다는데 아마 연해주에서 활동하던 독립군과 접촉하면서 배웠던 것 같다.

100년 전 낯선 이국땅에서 녹음된 이 실린더 레코드가 지금까지 고스란히 전해질 수 있었던 것은 소리를 저장하고 재생할 수 있는 축음기와 레코드의 발명 덕분이다.

¶ 우리의 소리가 음반으로 발매되다

1907년 콜롬비아 레코드사에서 경기 명창 한인오와 기생 최홍매가 부른 경기 민요와 가사를 음반으로 발매했다. 우리 땅에서 최초로 조선인들의 목소리가 음반에 담긴 것이다. 이에 뒤질세라 빅터 레코드사에서도 경기 민요와 국악 등을 녹음한 음반들을 잇달아 내놓았다. 하지만 아직 축음기가 널리 보급되지 않았고 녹음은 조선에서 했지만 제작은 미국에서 해야 했기 때문에 시간과 비용이 많이 들었다.

별다른 상업적 성공을 거두지 못하자 주도권은 일본 레코드사에 넘어갔다. 1910년, 조선을 식민지로 만든 일본은 대대적인 경제적 침공을 감행했는데 그중 일본의 레코드 회사들도 포함되어있었다. 이들은 조선이 일본의 식민지라서 다른 서구 열강에 비해 여러모로 유리했다. 거기에 라디오까지 운영한다는 장점을 십분 발휘할 수 있었다.

일동축음기와 합동축음기 같은 일본 레코드사뿐만 아니라 조선에 진출했다가 발을 뺀 콜롬비아사와 빅터 레코드사의 일본 지사들도 속속 참여했다. 이들은 일반인들은 쉽게 접하기 어려운 궁중 음악을 취입해서 조선인을 타깃으로 발 빠르게 음반 시장을 확장해나갔다. 조선인의 주머니를 노린 것이지만 경기 민요뿐만 아니라 지방의 민요와 가야금을 비롯하여 국악, 판소리 등 우리의 소리를 남겨놨다는 점에서 매우

● 1928년 발매된 〈조선아악〉에 수록된 악곡 중 12곡을 선별하여 재발매. 1943년 빅터레코드 제작
ⓒ 국립민속박물관

귀한 자료이다. 특히 양반들이 듣던 판소리를 음반이 발매함으로써 대중화되었다.

축음기는 일반 가정에서는 들여놓기 어려운 고가의 제품이었지만 음식점이나 찻집들은 들여놓았고 부잣집에서도 필수품으로 자리 잡기 시작했다. 축음기 시장이 확장되자 취입하는 음반 종류도 늘어났다. 판소리와 국악 음반이 성공을 거둔 이후에는 서양 음악을 담은 음반도 나오기 시작했다. 기독교 청년회 회원들이 부른 찬송가와 서양 가곡을 재해석한 신식 창가 음반들도 속속 등장했다. 홍난파와 안기영이 취입한 양악 음반들도 판매되었다. 동물의 소리를 흉내 낸 성대모사를 담은 음반도 눈에 띈다.

다양한 음반이 나온 만
큼 축음기는 대중화되었다.
일본 축음기 회사들이 조선
에서 이익을 내자 철수했던
미국 축음기 회사들이 속속
돌아왔다. 서서히 명창들
의 음반을 내기 위한 경쟁
이 치열해졌다. 1920년대
가 되면서 우리나라에도 나
팔이 내장된 축음기들이 등
장하기 시작했으며 음반 경
쟁은 더욱 치열해졌다.

● **빅트롤사에서 제조한 내장형 축음기(Credenza)**
ⓒ **국립민속박물관**

1926년 일동축음기 주식회사에서 발매된 윤심덕의 〈사의
찬미〉는 〈도나우강의 잔물결〉이라는 외국곡에 가사를 붙인
번안곡이다. 〈사의 찬미〉의 등장은 조선의 축음기 시장이 판
소리나 민요, 국악에 국한된 것이 아니라 가요에까지 미쳤음
을 의미한다. 이 음반은 윤심덕이 일본에서 음반을 취입한 후
배를 타고 돌아오면서 애인인 김우진과 동반 자살하여 더욱
더 유명해졌다. 그녀의 사후에 발매된 음반은 그야말로 불티
나게 팔렸다. 신여성이었지만 유부남이었던 애인과 이루어질
수 없는 사랑에 고통받다가 죽음을 선택한 스토리는 대중의

호기심을 자극했고 그녀와 김우진이 죽지 않고 자취를 감췄다는 소문은 오랫동안 떠돌았다.

¶ 라디오의 등장과 치열해진 음반 경쟁

1927년 우리나라 최초의 라디오 방송국인 경성방송국이 등장했다. 축음기 시장에 강력한 경쟁자가 나타났다. 라디오 역시 초기에는 너무 비싸서 쉽게 살 수 없는 물건이었다. 거기다 청취료를 매달 내야 했고 방송 시간이 정해져 있어 지금처럼 아무 때나 들을 수는 없었다.

그래서 라디오 등장 초기에는 오히려 레코드사들이 더욱 다양한 음반을 내놓았다. 창극은 물론 교가를 담은 음반, 신불출로 대표되는 만담가들의 익살스러운 이야기를 담은 음반도 나왔고, 동요 음반도 나왔다. 조선을 대표하는 무용수 최승희도 음반을 취입했다. 1936년 베를린 올림픽 마라톤 대회에서 우승한 손기정도 자신의 우승 소감을 음반으로 남겼다.

이렇게 다양한 음반이 나올 수 있었던 데는 오케이 레코드사를 비롯해 조선인이 운영하는 레코드 회사들이 속속 성장한 덕분이기도 하다. 당시 조선인이 운영하는 레코드사는 상대적으로 재정이 열악하고 규모가 작아 직접 음반을 제작하지 못하는 등 한계가 있었지만 1932년 이철이 설립한 오케이

● 매일신보에 실린 라디오 광고(1927.1.31)

● 스트롬버그 칼슨 라디오 모델 1110H. 1946년 제작 ⓒ 서울역사박물관

레코드사는 이러한 취약점을 뚫고 일제강점기 조선인이 세운 레코드 회사 중 가장 크게 성공했다. 성공 요인은 바로 저렴한 음반 가격과 전집류 음반의 발행에 있었다. 20장에 달하는 춘향전 창극, 16장의 심청전 창극, 12장의 홍부전 창극이 대표적이다.

한편 조선인이 운영하는 레코드사가 성장하자 위기감을 느낀 일본 레코드사에서도 조선인을 책임자로 임명해 조선인 취향에 맞는 음반을 내려고 노력했다. 대표적인 사례가 시에론 레코드사인데 동아일보 기자 출신이자 유명 작사가인 이서구가 기획한 임방울 명창의 판소리 음반을 비롯해 가야금 명창 한성기의 음반을 발매했다.

경쟁적으로 음반들을 발매하고 그 음반들이 지금까지 전해져서 우리는 수십 년 전 한 시대를 풍미한 위대한 예술가의 소리를 들을 수 있다. 축음기와 음반이라는 소리의 타임머신 덕분이다.

¶ 음악에 살고 음악에 죽고

축음기는 식민지의 아픔을 겪던 조선인에게 위안을 해주었다. YMCA는 소년 직공들을 위한 무료 위문 잔치를 열어 음악과 활동사진, 유성기를 틀어주었다. 1923년 신문 기사를 보면 경성도서관에서도 부속 아동도서관 개관 소식을 전하면서 축음기를 한 대 장만해 아이들에게 동요 등을 틀어줄 예정이라고 했다. 1933년에 발간된 『별건곤』 64호에는 백만 원이 생긴다면 무엇을 할 것인지 묻는 기자의 질문에 각계각층의 사람들이 답하는 내용이 나온다. 앞서 인력거 편에서는 자동차들을 사서 모조리 부숴버리겠다고 한 한 인력거꾼의 대답을 소개했는데, 이번에는 다른 답변을 소개해보겠다.

안잠지기 안씨는 백만 원이 얼마나 큰 금액인지 이해하지 못한 채 유성기 한 대를 살 거라는 소박한 대답을 했다. 그러니까 당시 조선인에게는 돈이 좀 생기면 사고 싶은 물건에 축음기도 있었던 거다. 그런가 하면 '유성기 대회'나 '유성 음악회'라는 것도 심심찮게 열렸다. 교회당에서 주최하거나 여학교, 심지어 유치원에서도 열렸는데 아마 새로 나온 음반을 모여서 듣는 일종의 청음회 같은 것으로 추정된다. 주로 잡지사와 레코드사가 후원했다.

축음기는 그 밖에도 농사를 짓는 농부에게 권농가 음반을 틀어주기도 하는 등 다양한 용도로 사용되었지만 상점에서 손님을 모으는 용도가 가장 컸다.

1926년 10월 동아일보에 조선 상인들이 고전하는 이유를 심층 분석한 기사가 실렸다. 전 세계적인 경기 침체를 가장 큰 원인으로 꼽았지만 유독 조선 상인들이 피해를 본 이유가 있다고 했다.

우선 일본 상인보다 은행 대출을 받기 어렵다는 이유를 들었다. 특히 장기 저리의 대출이 불가능해서 사채업자에게 손을 내밀 수밖에 없어 돈을 많이 벌어도 소용이 없다는 것이다. 이에 더해 조선 자체가 가난해 구매력이 떨어진다는 이유를 덧붙였다. 가난하기 때문에 상품을 구입하지 못하고 상인들이 성장하지 못하는 악순환이 반복된다고 본 것이다.

일본 상인처럼 총독부를 비롯한 관청에 납품할 수도 없고, 일본인을 상대로 장사하는 것도 불가능해 성장할 수 있는 발판이 없다는 점 역시 조선 상인들의 불리함으로 꼽았다. 거기에 조선인 손님이라도 놓치지 말아야 하는데 최근 들어서는 그것도 실패하고 있다고 안타까워했다. 예전에는 조선 사람은 조선인이 운영하는 상점에 가서 물건을 샀는데 최근에는 일본인이 운영하는 상점이나 백화점에 가는 경우가 많다고 본 것이다. 그 원인으로 조선 상인들이 양심적으로 장사를 하지 않고 바가지를 씌우거나 허름한 물건을 판다고 보았다. 다행스럽게도 위기의식을 느낀 조선 상인들이 전등을 켜서 가게를 환하게 밝히고 간판을 달고 전단을 뿌리는 등 판촉 활동을 강화하고 있다고도 전했다. 그중 하나가 바로 축음기를 구입해서 틀어놓는다는 것이다.

당시까지만 해도 축음기는 고가의 물건이라서 소유한 집이 많지 않았다. 그래서 길에서 음악이 들리면 멈춰 서서 끝날 때까지 듣는 경우가 많았다. 상점에서 유성기를 튼다는 것은 이런 손님들을 잡겠다는 의지였다. 적어도 음악이 끝날 때까지는 상점 앞에 머물러서다.

반면 축음기를 꺼리는 사람들도 많았다. 축음기로 음악을 듣는다고 아버지에게 꾸지람을 들은 딸이 물에 빠져 자살해 버리는 사건도 있었다. 하지만 아버지의 꾸지람이나 비싼 가격에도 축음기는 계속해서 팔려나갔고 1930년대 조선에는 30만 대 정도의 축음기가 있었다고 추정하고 있다. 음반 역시 축음기의 판매에 발맞춰 계속 판매량이 늘었는데 1932년이 되면 한 해에 약 200만 장의 음반이 판매되었다고 한다.

¶ 피할 수 없던 가수 확보 경쟁

축음기의 수요가 늘어나면서 『삼천리』라는 잡지에서 인텔리 청년이 성공할 수 있는 직업 중 하나로 축음기 판매업을 꼽기도 했다. 전직 신문사 편집장이 하는 조선 축음기 상회가 대표적인 축음기 판매 업체로 소개되었는데 저급한 음악이 아닌 고풍스러운 음악을 담은 음반을 판매하면서 성공을 거두었다고 밝혔다. 축음기와 음반 판매량이 점점 늘어나자 가수들의 몸값도 높아졌다. 레코드 회사들은 조선인이 좋아하는 가수를 찾기 위해 선발 대회를 열기도 했다. 노래를 잘 부른다는 소문이 나면 직접 찾아가 그 자리에서 계약하기도 했다.

● 이난영 ⓒ 한국민족문화대백과사전

1933년에 발간된 『별건곤』 66호에는 가수 확보를 둘러싼 소동이 나왔다. 유성기 회사들이 늘어나면서 가수를 찾는 경쟁이 심해졌다면서 흥미로운 에피소드를 소개했는데, 〈목포의 눈물〉로 유명한 가수 이난영이 그 주인공이었다.

아직 어리지만 재능이 있다는 소문을 들은 오케이 레코드사의 이철 대표는 이난영을 만나러 일본까지 찾아가 전속 계약을 맺고 그녀와 함께 조선으로 돌아온다. 그는 이난영의 고향인 목포에 그녀를 데려다준 후 밀린 일을 처리하기 위해 혼자서 경성으로 올라온다. 경성에 도착한 그에게 몇몇 레코드사 사람들이 이난영이 어디 있는지 넌지시 물었다. 이철 대표는 이미 전속계약을 한 상태라서 별 의심 없이 목포에 있다고 대답했다. 그리고 며칠 후 목포에 내려갔더니 이난영이 감쪽같이 사라져버린 것이다. 태평레코드사라는 곳에서 그녀와 그녀의 오빠를 데리고 경성으로 올라가 버린 뒤였다. 이철 대표는 경성에 있는 자신의 회사에 급히 전보를 띄웠다.

'회사 직원들은 모두 나와서 이난영을 찾아 내일 아침까지

경성역으로 데리고 오기 바람.'

그리고 자신은 이난영의 어머니를 모시고 열차에 탔다. 사장의 지시를 받은 오케이 레코드사 직원들은 변장까지 해가며 태평 레코드사 주변을 잠복해 있다가 치열한 자동차 추격전과 난투극 끝에 그녀를 확보하는 데 성공한다.

다음 날 아침 경성역에 도착한 이철 사장은 이난영과 마주했다. 이철 사장은 이난영을 설득하는 한편, 그녀의 어머니에게 내용증명을 받아 태평 레코드사에 보내는 등 법적 절차를 밟아 이난영을 전속 가수로 삼는 데 성공한다.

이 소식을 전한 기자는 대체 이난영의 노래 솜씨가 얼마나 뛰어나기에 이런 소동이 벌어졌는지 궁금하다며 음반이 하루빨리 나오기를 기대했다. 기자의 예상대로 다음 해 취입한 〈목포의 눈물〉은 오늘날까지 사랑받는 대히트를 치게 된다.

이난영의 등장에서 알 수 있듯 축음기의 등장과 음반의 발매는 노래를 부르는 성별을 바꾸어버렸다. 조선시대에는 여성들이 소리하는 것이 금기시되었다. 그래서 조선 최초의 여성 소리꾼인 진채선은 무대에 설 때 남장을 했다. 축음기가 들어오고 음반을 취입한 소리꾼도 대부분 남성이었다. 하지만 당시 음반인 SP 레코드는 약 3분 정도의 짧은 시간만 음악이 재생되었기에 긴 호흡의 판소리나 창가보다는 민요가 선호되었다. 게다가 일제강점기에 접어들면서 기생들의 조합인 권번이 늘었고, 기생이 되려면 소리를 할 줄 알아야 했으므로 시간이 지날수록 소리를 할 수 있는 여성이 늘어났다. 1930년대 여성의 음반 취입이 늘어난 이유이다.

¶ 축음기와 음반이 가져온 근대의 풍경

한편 축음기가 워낙 고가의 물건이다 보니 종종 범죄자의 목표가 되기도 했다. 1928년 4월, 경기도 이천군 청계면에 사는 54세의 곽재양이 장호원 철로 근처에서 축음기를 들고 가는 사람을 발견하고는 뒤따라가 칼과 곤봉으로 죽였다. 시신은 근처 산속에 버리고 축음기를 가지고 집으로 갔는데 시신이 발견되면서 경찰에 체포되었다. 축음기가 사람 목숨을 앗아갈 정도로 비싼 물건이라는 걸 짐작할 수 있는 사건이다.

1932년 6월 진남포의 한 민가에서 백 원짜리 축음기와 수십 원의 현금이 도난당한 사건이 발생했다. 현금과 함께 가장 비싸면서도 쉽게 팔 수 있는 축음기를 훔쳐 간 것이다. 1930년대 교사 월급이 50원 정도였고 축음기는 30~100원에 달했다.

음반 발매가 늘자 특이한 사례도 생겨났다. 1932년 10월 전라도에서 경찰들이 콜롬비아 레코드사의 대리점에서 판매하는 〈인도의 밤〉이라는 노래가 담긴 음반을 전격 압수한다. 경기도 경찰부가 내용이 불온하다는 이유로 압수를 요청한 것이다. 이를 시작으로 조선 전역에 있는 해당 음반들을 모조리 압수할 것이라고 밝혔다. 그동안 뭔가를 압수한 사례는 많았지만 음반은 처음이라며 기자는 약간 날 선 반응을 보였다.

1920년대 후반 경성에서는 다방과 술을 마실 수 있는 카페가 속속 생겨났다. 『별건곤』 같은 잡지에서는 다방이나 카페에서 일하는 여급들의 사연을 소개하는 기사를 싣기도 했다. 전직 영화배우나 기생들도 먹고살기 위해 카페 여급으로 일하게 되었다는 것이다. 낙원회관 같은 카페에서는 축음기를 틀어놓고 가볍게 춤도 춘 모양이다.

축음기는 비싸기는 했지만 사람을 모을 때나 모인 곳에서 매우 유용했다. 악공이나 악사를 부르는 것보다 저렴했고 악기나 마이크도 필요 없었기 때문이다. 축음기가 도입된 초창기, 서양 선교사는 포교를 위해 찬송가가 담긴 음반을 틀었고, 5일마다 열리는 장터에서는 약장사가 손님들을 끌어모으기 위해 민요가 담긴 음반을 틀었으며, 경성역 2층 고급 음식점에서는 클래식 음악이 들려왔다.

축음기가 많이 팔린 1930년대에는 사회 문제가 될 정도로 댄스홀이 성행했다. 춤바람을 싫어하는 건 여느 정권에서나 마찬가지였는지 1930년대 초반 금지령이 내려졌다. 하지만 유성기와 음반, 그리고 춤을 추고 있는 사람만 있으면 어디나 댄스홀이 될 수 있었다. 요리점에서 보이에게 팁을 주고 유성기를 틀고 춤을 추다 발각되는 경우도 흔했다.

일제는 댄스홀만 금지한 게 아니라 〈아리랑〉도 금지했다.

1933년 일본은 축음기 단속 규칙이라는 것을 만들어 축음기와 음반의 제조와 판매를 통제했는데 명목은 풍속과 치안의 유지였으나 실은 민족의식을 자극하거나 공산주의 사상을 퍼트릴 염려가 있는 음반들을 단속하고 판매를 중지시킨 것이다. 1932년 〈인도의 밤〉을 판매 중지시킨 것은 전주곡이었던 셈이다.

일본이 압수한 음반 중에는 이애리수가 1932년 빅터 레코드사에서 발표한 〈황성의 적〉이 포함되어있었다. 축음기가 도입된 이후 최초의 대형 히트 음반이었는데 대략 5만 장쯤 판매되었다고 한다. 〈황성의 적〉이라는 제목은 '황폐해진 성의 유적'이라는 뜻이다. 왕평이 작곡하고 전수린이 작사했는데 흥미로운 사연이 전해진다.

연극단 단원이었던 왕명과 전수린은 공연을 위해 개성에 왔다가 장마 때문에 계속 여관에 머물렀다. 무료해진 둘은 한때 왕궁이었지만 지금은 터만 남은 만월대를 본 느낌을 노래로 만들었다. 이렇게 만들어진 노래가 히트하자 총독부는 긴장한다. 고려의 만월대를 배경으로 했지만 총독부에 가려진 경복궁으로도 해석될 여지가 있었기 때문이다. 금지곡으로 지정하고 노래를 부르는 것조차 처벌했다. 그러다 나중에는 유행가를 공공장소에서 트는 것 자체를 금지했다. 나약한 마음이 드는 것을 막기 위함이라 했는데 앞서 소개한 참호 축음기의 효과를 생각하면 이는 핑계에 불과했다. 이러한 일제의 단속은 광복이 될 때까지 이어졌다.

1945년 8월 15일 식민지에서 해방되면서 일본이 옥죄었던 축음기와 레코드에 관한 규제도 풀렸다. 하지만 당시 조선에는 레코드 제작 공장이 없었다. 녹음실은 있었지만 음반으로 제작하려면 일본으로 가져가야 했다. 그런 상황에서 광복이 되어버린 것이다. 할 수 없이 일본에서 레코드 제작 기술을 배워온 기술자가 다른 용도의 기계를 개조해서 레코드를 제작했다. 음반을 만드는 재료 자체도 귀했기 때문에 일제강점기의 음반의 표면을 녹여 새로 소리골을 입혔다. 일종의 재생 음반이다. 당연히 품질이 좋지 않았다. 녹음 기술부터 디자인, 인쇄 기술 역시 매우 조잡했다. 당시 시대적 상황도 한가하게 음악을 들을 만한 때가 아니었다. 시대가 바뀌면서 국악에 대한 선호도가 줄어들어 이 시기에 나온 대부분이 음반은 가요였고 국악은 민요 정도였다.

¶ SP는 LP로, LP는 CD로 사라지다

축음기와 SP 리플렛은 한국전쟁이 끝나고 1950년대 후반이 되면서 내리막길을 걷게 된다. 1948년 6월 콜롬비아 레코드사가 새로운 음반을 선보였기 때문이다. 겉으로 보기에는 기존 SP 리플렛과 다를 바 없었지만 이 음반은 음악을 재생할

● 1960년대 전축 리플렛 ⓒ 서울역사박물관

수 있는 시간이 무려 20분이 넘었다. 기존 3~4분에 비해 7배
나 늘어난 것이다. 재질도 플라스틱이라 가벼웠고 음질도 좋
아졌다. 콜롬비아 레코드사는 이 새로운 음반을 LP, 즉 장시간
레코드Long-Playing Record라고 불렀다. LP 음반은 전기로 작동되는
축음기인 전축과 함께 날개 돋친 듯이 팔려나갔다.

우리나라에서는 약 10년 늦은 1958년 최초의 LP 음반이 나
온다. 여전히 품질은 조악했고, 무단복제는 물론 음질이 제대
로 구현되지 못했다. 음반 회사들이 영세해서 기술력을 제대
로 축적하지 못했다. 이 시기 전축과 음반의 중심지는 충무로

였다. 1954년 문을 연 음악사에서 전축과 LP 음반을 판매하는 것을 시작으로 우후죽순처럼 생겨났다. 대부분 수입품이었으며 간혹 미군 PX에서 흘러나온 것들을 판매하기도 했다. 당시 전축은 라디오도 같이 들을 수 있었다.

전축과 LP 음반은 일제강점기 때처럼 부유층의 상징이었지만 경제가 발전하면서 점점 많은 사람이 즐기게 되었다. 우리 어머니처럼 말이다. 하지만 1980년대 후반 콤팩트디스크, 즉 CD가 등장하면서 전성기는 막을 내린다. LP 음반이 긴 재생 시간을 장점으로 내세워 SP 음반을 밀어냈듯 CD는 더 작은 크기에 압도적인 재생 시간을 자랑했다.

고무신

임금이 신던 신발에
민족의 애환이 서리다

고무로 만든 신발은 몇 가지 단점이 있지만 가죽신보다 싸고 짚
신보다 튼튼했으며 물이 새지 않아 인기를 끌었다. 조선인 자본
가들이 만든 고무신 공장들이 속속 들어서면서 고무신은 대량
생산된다.

¶ 라틴어와 고무신

옛날 신문을 들추어보면 고무신을 참 다양한 장소에서 마주친다. 이승만 대통령 시절 고무신은 막걸리와 함께 부정 선거의 상징이었다. 표를 매수하기 위해 막걸리와 고무신을 유권자에게 안겨주었기 때문이다. 막걸리는 두말할 필요 없고 고무신은 생활에 꼭 필요한 물건이었으므로 돈을 준 것이나 다름없었다.

고무신은 우리 말에 여전히 남아있다. 대표적으로 군대에 간 애인 대신 다른 사람을 만나는 걸 '고무신을 거꾸로 신는다'는 표현을 쓰고, 군대 간 애인을 기다리는 여성들을 '곰신'

이라 한다. 곰이 신는 신발이 아니라 고무신의 줄임말이다. 그러니까 고무신은 라틴어와 닮았다. 고대 로마에서 사용하던 라틴어는 로마 멸망 이후에도 중세 유럽 곳곳에서 사용되었다. 각국이 자신만의 언어를 사용하게 된 이후에도 지명이나 어휘에 막대한 영향을 남겼다. 국가가 멸망한 이후에도 오랫동안 살아남은 라틴어처럼 고무신 또한 끈질기게 살아남은 것이다.

오늘날 고무신을 자주 신는 사람은 사찰의 스님뿐일 듯싶다. 한때 죄수들도 신었지만 지금은 끈 없는 운동화를 착용한다고 한다. 오늘날 대다수의 한국인은 고무신을 신어본 적이 없을 것이다. 하지만 '고무신 거꾸로 신는다'라는 표현은 여전하고 부정선거 하면 막걸리와 고무신이 떠오르는 건 어쩔 수 없다.

¶ 고무에 유황을 더하다

고무신은 근대를 관통한 대표적인 신발이다. 지푸라기로 만든 짚신보다 튼튼했고 가죽신보다 탄력이 있어 걷기 편했다. 거기다 가격은 짚신보다 비쌌지만 가죽신보다는 쌌고 훨씬 오래 신을 수 있었다. 조선시대 선비들이 과거를 보러 한양에 올라갈 때 괴나리봇짐에 짚신 한 축을 주렁주렁 매달고 갔다는 걸 생각하면 고무신은 그야말로 혁신적인 신발이다. 한때 성냥과 바늘, 석유램프와 함께 대체 불가능한 박래품이기도 했다. 그럴 수 있었던 이유는 고무라는 재료 덕분이다.

고무는 고무나무에서 채취한 수액을 응고시킨 것이다. 이것을 '생고무'라고 하는데 방수가 되고 잘 찢어지지 않는 특성을 보였다. 아울러 온도가 높아지면 부드러워지고, 온도가 낮아지면 딱딱해졌다. 원산지는 중앙아메리카 지역으로 이곳 원주민들은 오래전부터 가볍고 질긴 고무를 신발의 재료로 이용했다. 중앙아메리카 지역은 습하고 덥기 때문에 추우면 굳어버리는 고무의 약점도 걱정할 필요가 없었다.

이들이 애용하던 고무는 유럽에서 건너온 침략자들의 눈에 들어왔고 곧 유럽에 알려졌다. 하지만 유럽은 중앙아메리카와는 달리 겨울이 있어 추워지면 굳어져 부스러지곤 했다. 결국 고무는 수백 년간 그냥 신기한 물질로만 남았다.

돌파구는 역시 근대 과학 기술에 있었다. 1839년 미국 발명가인 찰스 굿이어가 우연히 해법을 찾았다. 고무에 유황을 혼합시켜 저온에서도 말랑말랑한 상태를 유지하는 데 성공한 것이다. 가황고무라고도 불리는 이 고무의 탄생으로 자전거와 자동차 타이어가 만들어졌다. 고무로 만든 타이어는 튼튼하면서도 탄력이 좋아 길을 달릴 때의 충격을 흡수해 자전거와 자동차를 탄 사람은 진동을 이전보다 훨씬 덜 느꼈다.

이런 탁월한 물질이 자동차와 자전거의 타이어로만 쓰일 리 없다. 고무는 질기고 가벼울 뿐만 아니라 방수 성능이 뛰어나고 나무나 가죽처럼 딱딱하지 않다. 그래서 빗물에 젖은 기존 신발을 대체하거나 신발 밑창으로 하기에 더없이 적합했다. 곧 고무로 만든 장화와 밑창에 고무를 댄 신발이 근대화의 상징이 되었다. 특히 영국의 런던은 안개가 자주 끼고 비도 많이 내리는 편이었는데 도시의 배수 시설이 많이 안 좋아 골목길은 종종 웅덩이로 변했고 포장된 도로 역시 사정이 비슷했다. 웅덩이에 발을 디뎌도 양말이 젖지 않는 덧신 형태의 고무 신발이 상류층의 전유물로 인기를 끈 이유다.

고무가 대량 생산에 성공하면서 고무 신발 가격은 크게 떨어졌고 이는 거칠고 험한 일을 하는 사람들에게 축복이나 다름없었다. 물에 수시로 젖을 수밖에 없는 어부들은 목이 긴 고무장화를 애용했고 산에서 나무를 자르는 벌목꾼은 이동의 편의를 위해 고무 신발을 즐겨 신었다.

¶ 태평양을 건너온 고무신

고무신의 인기는 태평양을 건너 동아시아에도 미쳤다. 근대화의 물결을 맞이한 청나라와 대한제국, 일본은 각자의 방식대로 고무신을 받아들였다.

청나라에는 19세기 후반 상하이에 있는 외국인 조계지에서 처음으로 소개되었다. 고무의 장점에 눈을 뜬 중국인들은 20세기 초반 고무 신발을 많이 신었다. 특히 상하이는 런던처럼 비가 자주 오는 지역이라 구두를 보호해주는 '타오셰', 즉 신발 위에 신는 덧신을 고무로 만들어 신었다. 물론 '투혜'라는 방수용 신발이 있긴 했지만 이는 가죽으로 만들고 징을 박은 형태라서 무겁고 소리가 많이 나는 터라 가볍고 방수 성능이 더 뛰어난 고무를 마다할 이유가 없었다. 그 밖에 밑창만 고무로 만들고 나머지는 천으로 만든 신발이 등장하기도 했다. 1930년대에 접어들어서는 덧신으로 쓰던 타오셰, 그러니까 투혜의 안감에 천이나 털을 덧댄 신발도 나왔다. 이 신발은 더 이상 덧신이 아니라 그냥 신이었지만 이름은 여전히 타오셰였다. 중국은 고무나무가 많은 동남아 화교들이 많이 살고 있어 원료의 수급 또한 쉬웠다.

일본에서의 고무신 도입은 메이지 유신과 연관이 있다. 도쿠가와 막부를 타도하고 근대화를 추구하던 일본 정부는 서양 문화와 복식, 음식 등을 적극적으로 받아들였다. 고무로 된 신발도 그중 하나다. 일본 역시 처음에는 서양의 고무장화와 덧신을 그대로 받아들였다. 하지만 메이지 유신 이후에도 전통 복장을 고집하는 사람들이 적지 않았고 이들은 고무를 신발 바닥에 코팅하는 방식으로 사용했다.

그러다가 1914년 제1차 세계대전이 터지면서 군화를 만들 가죽의 가격이 치솟자 고무신 수요가 늘어났다. 하지만 일본의 습한 기온은 고무신 사용을 멀리하게 했다. 북쪽의 추운 지방이나 벌목꾼 또는 어부의 작업화로만 사랑을 받다가

● 지카다비 ⓒ 손기정박물관에서 직접 촬영

1922년 판매되기 시작한 '지카다비'로 고무신과 가까워졌다. 일본의 버선인 다비에 고무로 된 밑창을 붙인 형태였다. 일본의 짚신인 '와라지'와 나막신인 '게다'의 특징을 이어받아 엄지발가락과 둘째 발가락 사이를 꿰는 방식이라서 지카다비 역시 엄지발가락이 분리되었다. 버선이 신발 대용이 되어버린 괴상한 형태였지만 고무로 된 밑창 덕분에 쉽게 닳지 않아 와라지를 비롯한 일본 전통 신발들을 대체했다. 다만 초반에는 고무 밑창의 접착이 쉽지 않아서 시행착오가 많았다고 한다.

그 문제가 해결된 이후에는 작업화로서 큰 인기를 끈다. 지카다비는 와라지나 게다와는 달리 발등을 완전히 감쌌고 고무 밑창의 바닥을 물결 모양으로 만들어 잘 미끄러지지 않게 만들어 광부들의 작업화로 안성맞춤이었다. 1923년 관동 대지진의 피해를 복구하는 과정에서도 많은 사람이 신었다. 광부, 노동자, 농민, 인력거꾼 할 것 없이 사랑받은 지카다비는 이후 조선과 대만, 중국과 남미 지역에도 수출되었다.

조선 역시 19세기 후반, 개항하면서 서양의 고무신을 처음 접했다. 1884년 한성순보에 고무의 특성에 관해 설명하는 기사가 실렸고 선교사이자 초대 미국 공사 알렌이 고무장화를 가지고 있다는 일기도 남긴 것으로도 알 수 있다. 1907년에는 미국산 고무장화가 다른 신발과 함께 수입되어서 판매되기도 했다. 하지만 본격적인 고무신의 사용은 일본과 깊은 관련이 있다. 일본 고무신 업체들이 국내 판매가 저조해지자 새로운 시장으로 조선에 눈독 돌린 것이다.

남은 재고를 조선에 팔려고 했는데 초창기에는 서양식 구두를 흉내 낸 형태라서 호응을 끌지 못했다. 하지만 비가 집중적으로 내리는 장마철이 되면서 물에 젖지 않는 가벼운 이 덧신은 '수혜자'나 '편상화'라는 이름으로 판매되었고 발목이 긴 장화도 수입되었다.

근대 문물이 낯설던 조선인에게 고무신은 여전히 거리감이 느껴졌지만 서양에 관심이 있던 사람들과 유학생을 중심으로 서서히 퍼져나갔고 가죽구두보다 싸면서도 비슷한 모양이라는 이유로 차츰 사랑받게 되었다.

¶ 한국식 고무신의 등장

고무신의 포텐은 1920년대 초, 조선인이 좋아하는 형태의 고무신이 만들어지면서 터진다. 서양이나 일본이 만든 고무신은 양복이나 일본식 옷에 어울리는 모양이라서 한복을 입은 조선인이 신기에는 좀 어색했다. 이에 혁신적인 변화를 가져온 이는 을사오적 중 한 명인 이하영이었다.

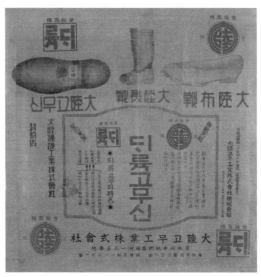

● 대륙고무신공업주식회사에서 장화, 고무신, 시화(市靴) 등을 소개
하는 광고지. 다른 회사 고무신과 헷갈리지 않도록 상표를 확인
하라는 등의 문구가 인쇄되어있다. ⓒ 국립민속박물관

    몰락한 양반 가문 출신인 이하영은 먹고살기 위해 일본어
와 영어를 배운 후 대한제국이 미국과 수교하자 워싱턴에 있
는 주미 공사관에서 근무한다. 귀국 후에는 관리로 일하다가
법부대신 자격으로 을사늑약에 참여한다. 1910년 일본이 조
선을 식민지로 삼은 후에는 공로를 인정받아 자작의 작위를
받고 중추원 고문으로 임명되었다. 그 후 본격적인 기업가의
길을 걷게 된 그는 3.1만세운동의 여파가 가시기도 전인 1919
년 8월 대륙고무공업주식회사를 세웠고 조선인을 위한 회사
라고 선전했다.

    이하영의 행적도 그렇거니와 회사의 사무실이 조선인이 많

이 사는 청계천 북쪽이 아닌 일본인 거주지인 용산 원효정에 있었다는 점은 그가 어떤 생각으로 회사를 설립했는지 짐작하게 하는 부분이다.

이하영은 밑창은 고무로 만들고, 나머지는 천으로 만든 일본식 고무신을 조선 사람들이 신을 수 있도록 바꿨다. 이하영 이전에 '경제화'라는 이름의 신발이 있었다. 개항장으로 지정되면서 비교적 일찍 서양 문물을 접한 인천의 이성원이라는 양화점 주인이 만든 것이다.

수원 출신인 그는 어린 시절 아버지를 여의고 인천으로 흘러들어와 상점 점원으로 일하면서 모은 돈으로 삼성태라는 양화점을 차렸다. 그 과정에서 인천항을 통해 수입된 전 세계 다양한 신발을 보고 조선만의 독자적인 신발을 개발하기로 결심한다. 사업가이면서 발명가이기도 한 그는 훗날 '만능호'라는 이름의 본드를 개발하기도 했다.

이성원은 우선 짚신의 단점을 보완할 신발을 만들어보기로 했다. 짚신은 싸긴 했지만 튼튼하지 못했다. 당혜는 튼튼했지만 목 부분이 없고 발등을 겨우 가리는 형태라서 빨리 걷기에 불편했다. 조금 빨리 걸으면 쉽게 벗겨졌고 바닥이 평평해서 신발 바닥 전체에 충격이 전달되어 접합 부분이 잘 뜯어졌다. 짚신만큼은 아니었지만 당혜 역시 내구성이 좋지는 않았다.

1913년에 특허받은 그의 경제화는 신문 광고를 시작한다. 바닥을 가죽으로 만들고 서양식 구두처럼 뒤축을 붙인 형태에 나머지는 천으로 만든 경제화는 발등 부분을 당혜보다 더 덮어 쉽게 벗겨지지 않았으며 내구성도 높았다. 일본의 지카 다비처럼 바닥을 고무로 만든 경제화도 선보였다. 비싸기는 했지만 서양 구두보다 월등하게 저렴했고 짚신보다 훨씬 튼 튼했다. 하지만 천이나 가죽으로 만들어 모양이 두툼해질 수 밖에 없고 뒤축 역시 사람들에게 낯설었다. 또한 특허받았음 에도 금방 모조품이 나왔다. 1921년 이화영이 만든 '고무 경 제화'였다.

고무 경제화는 밑창에 쓰던 고무를 신발 전체의 재료로 삼 았다. 서양에서 들어온 재료에 한국식 정서를 더한 것인데 서 양식 근대 문물을 우리 식으로 소화한 것이다. 고무 경제화는 금세 유행했다. 이하영은 여기서 한발 더 나아가 한국식 고무 신을 제조해 판매했다. 고무의 장점을 이용하면서 전통 신의 형태로 만들었다. 그러자 고무 경제화를 비롯한 경제화는 차 츰 고무신에 밀려나고 만다.

¶ **고무신의 대유행과 모조품의 출현**

전통 신 형태로 만든 고무신이란 양반들이 신던 당혜라는 가죽신 모양으로 만든 고무신을 뜻한다. 발등을 덮어주고 앞 코가 튀어나온 형태에 전체적으로 날렵하고 갸름한 모양새라

거부감이 덜했다. 거기다 사람
들이 어색해하던 뒤축을 없애
거나 극단적으로 낮췄다. 낯설
고 어색한 서양 신발 모양이 사
라지자 고무신의 장점은 극대
화되었다. 남녀 구분도 살짝 했
는데 여성용 고무신의 앞코를
살짝 올렸다. 여성이 신던 당혜

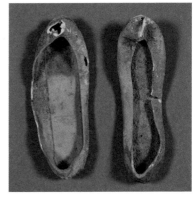

● 고무신 ⓒ 국립중앙박물관

의 특징을 고스란히 살린 것으로 일본 고무신 제조업체가 따
라올 수 없는 부분이었다.

당시 조선 사람들이 주로 신던 짚신은 싸기는 했지만 금방
닳았고, 비가 오면 버선을 적혔다. 하지만 고무신은 쉽게 닳지
않았고 장마철에도 끄떡없었다. 겉에 오물이 묻어도 쓱쓱 닦
아내면 그만이었다. 물에 젖으면 햇빛에 말려 다시 신을 수도
있었다. 모양새도 지체 높은 양반들이 신던 당혜와 비슷하게
생겼으니 신으면 뭔가 기분이 좋아지기도 했다. 특히 고무신
은 한복에 어울렸기 때문에 양복에 익숙하지 않았던 당대 사
람에게 그야말로 열렬한 호응을 받았다.

짚신을 비롯한 전통 신들의 수요는 확 줄어들었다. 덕분에
1921년이 되면서부터는 일본에서 수입한 고무신보다 조선에
서 생산된 고무신의 수요가 많이 늘어났다. 이하영의 대륙고무
공업주식회사는 당시로서는 혁신적인 마케팅 전략을 두 가지

펼쳤는데 하나는 고무신에 '대장군표'라는 브랜드를 붙여 대대적으로 홍보한 것이고, 또 다른 하나는 유명인을 활용한 것이다. 브랜드 마케팅은 당시로서는 낯선 방식이었지만 '고무신은 대장군표'라는 인식을 심어 판매에 큰 도움이 되었다. 이하영이 펼친 유명인 마케팅은 대장군표 고무신을 순종에게 바치고 신문에 이를 널리 알린 것이다. 1922년 9월 21일 자 신문 광고에 순종이 대장군표 고무신을 신었다는 내용을 실었다.

일본에서 만든 고무신도 계속해서 수입되었지만 일본 고무신은 앞코 부분이 뭉툭하고 납작해 조선에서 만든 고무신보다 맵시가 나지 않는다는 평을 들었다.

1928년 1,550만 켤레 이상의 고무신이 팔렸고 1932년에는 2,200만 켤레가 팔렸다. 1930년 당시 조선의 인구가 2,100만 명 정도인 걸 감안하면 1인당 1년에 최소 1켤레의 고무신을 신은 셈이다. 그러니까 도시와 시골은 물론 남녀노소 가릴 것 없이 고무신을 신었던 것이다. 한때 짚신을 파는 상점과 고무신을 파는 상점은 나란히 있었으나 대세는 고무신으로 넘어왔다. 고무신의 원조 격인 당혜는 기생들이 신거나 명절 때 새 옷을 맞출 때 함께 사는 정도로 명맥을 유지했다.

대륙고무공업주식회사에서 제작한 고무신이 인기를 끌자 유사품이 등장하기도 했다. 1925년 6월 5일 자 조선일보는 대륙고무공업주식회사의 이하영 대표가 평양에 있는 서선고무 공장의 경영자 이승두, 이승기. 이승렬을 상표법 위반으로 평양지방법원 검사국에 고소했다는 기사를 실었다. 대륙고무공업주식회사 측은 서선고무공장을 고소한 이유를 다음과 같이 밝혔다.

이전 해인 1924년 7월부터 평양 일대 서선 지방에서의 고무신 판매액이 급감하여 그 이유를 알아보던 중 서선고무공장에서 작년 6월부터 대륙고무공업주식회사에서 만든 것과 비슷한 고무신을 만들었다는 사실과 이를 대륙고무공업주식회사에서 만든 제품으로 속여 시중에 판 것을 알게 되었다. 이에 대륙고무공업주식회사에서는 사원을 파견해 엄중히 경고했지만 서선고무공장은 계속 무시했고 결국 고소를 진행하게 되었다는 것이다.

고소장을 접수한 검사국은 서선고무공장에서 제작한 고무신을 압수해 조사를 벌였는데, 조사 결과 아주 교묘하게 비슷해 보이도록 만들었다는 점이 드러났다. 예를 들면 서선고무공장은 대륙고무공업주식회사의 상표인 大陸(대륙)과 매우 유사한 大陸(대승)을 상표로 만들었다. 상표의 로고도 똑같이 원형이었고, 대륙고무 상표에 들어간 '경성'이라는 지명과 헷갈리게 '용산'이라는 지명을 넣었다. 평양에 있는 공장이면서 용산이라는 지명을 의도적으로 상품에 넣은 것은 명백한 꼼수로 보인다. 고무신 시장이 확장되고 경쟁이 치열해지면서 벌어진 사건이라 할 수 있다.

¶ 고무신 열풍의 이면

남녀노소에게 고루 사랑받았지만 어떤 이에게 고무신의 출현은 고통이 되었다. 별다른 기술 없이도 만들 수 있는 짚신은 가난한 집안이 생계를 유지하는 데 도움이 되었다. 전옥서의 죄수들도 짚신을 팔아 먹고살기도 했다. 하지만 고무신의 등장으로 짚신이 도태되자 가난한 사람들은 생계 수단을 잃고 말았다.

당혜를 비롯한 전통 신을 만들던 장인들 역시 일자리를 잃었다. 이들은 날품팔이나 인력거꾼이 되었고 안정적인 수입을 잃어 빈민층으로 전락했다. 농촌의 빈곤함은 한층 더해졌다. 근대에 접어들어 농촌에 도시에서 만든 제품이 흘러들어오면서 농촌의 부는 계속해서 도시로 빠져나가 점점 더 가난해졌다. 대표적인 제품이 고무신이다. 도시와 농촌의 소득 격차가 심해지면서 심각한 사회 문제로 대두되자 농촌에서는 고무신 대신 짚신을 신자는 운동이 일어났고, 고무신을 신고 등교하지 못하게 하는 학교도 있었다. 하지만 실용적이고 저렴한 고무신의 열풍은 사라지지 않았다.

¶ 물산장려운동, 조선 사람이 만든 것을 입고 쓰다

대륙고무공업주식회사가 한창 대장군표 고무신을 팔고 있던 1923년 1월, 경성에서는 20여 개 민족단체 대표 160명이 참석한 가운데 물산장려운동이 시작된다. 다음 달에는 약 3,000명의 회원이 참여한 조선물산장려회가 문을 연다. 3.1만세운동 후속 운동으로 사회 지식인들은 민족정신을 지키기 위해 국산품 애용 운동을 시작했다. 다만 당시는 일본의 식민지였던 터라 국산이라고 하면 일본제까지 포함되었으므로 '조선 땅에서 조선인들이 만든 물품'으로 선을 그었다.

사실 물산장려운동은 1923년에 경성에서 시작된 것이 아니라 1920년 평양에서 조만식을 비롯한 사회 지도층이 세운 자작회를 중심으로 이루어진 물산장려운동의 연장선상이다. 이 또한 3.1만세운동으로 민족의식이 고취된 상태에서 평화적인 저항운동의 일환으로 시작되었다.

3.1만세운동의 여파로 조선어 신문이 발행되고 불합리한 조항들이 일부 철폐되기는 했지만 일본의 경제적인 침탈은 계속되었고 민족 자본의 형성은 거의 이루어지지 않았다. 이에 불안감을 느낀 지식인과 사회지도층은 물산장려운동을 통해 민족 자본의 양성과 자립을 시도한다. 당장 독립하기 어렵다면 실력을 길러 언젠가 다가올 독립을 준비하자는 것이다.

물산장려운동은 서양 옷 대신 두루마기와 치마저고리를 입

● 1920년대 초, 일제강점기 경성방직 주식 회사의 국산품 애용 선전 광고. '우리가 만든 것 우리가 쓰자'
ⓒ 국사편찬위원회, 위키백과

고 대체 불가능한 수입 식료품을 제외하고는 조선 땅에서 조
선인들이 만든 음식들을 구매하자는 것이었다. 생필품도 수
입품 사용을 자제하고 조선인들이 생산한 제품을 사용하도록
했다. 구체적으로 조선물산장려회는 조선물산을 다음과 같이
분류했다.

먼저 조선에서 원료를 구하고, 조선인의 자본으로 제작·판
매하면서 조선인이 노동해서 만든 것을 '순조선 물산'으로 분
류했다. 화문석이나 전통 직물에 여기에 해당했다다. 외국에
서 원료를 들여왔지만 조선인의 자본으로 제작하고 조선인이
손에 의해 만들어진 것을 '준조선 물산'으로 분류했다. 고무신
이 여기에 해당했다. 그 밖에 약품이나 화장품처럼 외국에서
가공된 상태로 들어와서 조선인 자본과 노동으로 판매되는
것을 '가공조선 물산'으로 분류했다.

고무신조차 신거나 사지 말자고 하는 조직도 있었지만 대
부분은 크게 문제 삼지 않았다. 비록 대륙고무공업주식회사

등 고무신 회사의 경영자가 친
일파이긴 하지만 조선인이 만
들어서 생산한 제품이고 일본
에서 만든 고무신은 조선인들
이 쓰기에 맵시가 나지 않아 잘
쓰지도 않았기 때문이다.

조선물산장려회는 조선제
제품을 모아서 바자회를 여는
등 판로 개척에 힘을 썼다. 조
선인이 만든 물건을 사고 쓰자

● 익선동에 있던 조선물산장려회 서울회관

는 물산장려운동은 3.1만세운동만큼이나 큰 지지를 받아 거
국적으로 진행되었다. 하지만 매의 눈으로 감시하던 일본은
물산장려운동이 제2의 3.1만세운동이라는 사실을 눈치채고
조직적으로 탄압하기 시작했다. 1930년대에 접어들면서 물산
장려운동은 사라지고 만다. 하지만 고무신은 계속 우리 곁에
머물렀다.

¶ 조선인의 운영하는 고무신 회사의 성장

대륙고무공업주식회사에서 만든 대장군표 고무신이 대성
공을 거두자 곧 후발주자들이 등장했다.

● 고무신 점포임을 알리는 간판
ⓒ 국립민속박물관

1923년 부산에서 일영고무 공업사가 문을 연다. 이곳은 1년에 19만 켤레의 고무신을 생산할 수 있는 설비를 갖추었다. 군산에도 고무신 공장들이 많았는데 1932년 일본인이 운영하던 고무공장을 인수한 조선인 사업가 이만수가 경성 고무공업회사를 세웠다. 그는 '만월표'라는 고무신을 대량으로 생산하고 판매하면서 눈길을 끌었다.

그 밖에도 반도고무, 한성고무, 조선고무 같은 회사들이 속속 생겨났다. 선두주자격인 대륙고무공업주식회사 역시 지방에 연이어 공장들을 세우고 고무신 생산에 박차를 가한다. 1937년 전국에 고무신을 만드는 회사가 86개에 달했으며, 고용된 종업원 수는 8,000명이 훌쩍 넘었다. 생산량도 1년에 3,000만 켤레를 넘어섰다. 글자 그대로 국민 신발로 자리 잡은 것이다.

이 시기 고무신 회사들의 신문 광고들을 보면 대개 조선인이 만든 점을 강조했다. 물산장려운동의 여파로 민족의식을 자극해 다른 회사, 특히 일본 회사와의 경쟁에서 이기려던 의도가 보인다. 이 전략은 큰 성공을 거두어 1920년 1.7퍼센트의 자급률을 보이던 국산 고무신은 1936년 99.8퍼센트라는 거의 완벽한 자급률을 보인다.

물론 조선인들이 운영하는 고무신 회사들이 성장한 이유에는 여러 가지가 있다. 그중 하나가 회사령의 철폐에 있다. 1910년 일본은 조선을 식민지로 삼으면서 회사령을 제정해 조선 총독의 허가를 받아야만 회사 설립이 가능하도록 했고, 회사 설립 후에도 허가 조건을 위반하면 조선 총독부가 해당 회사를 해산시킬 수 있었다. 정관을 만들어서 세무서에 신고만 하면 회사를 설립할 수 있었던 일본 본국과는 정반대였다.

짐작할 수 있듯 이는 조선인들이 회사를 세워서 성장하는 것을 막기 위한 조치였다. 식민지(植民地), 심을 植, 백성 民, 땅 地를 해석하면 '백성을 옮겨 심는다'는 뜻이다. 일본의 백성을 조선에 옮겨 심은 셈이니 당연히 이전에 있던 조선 백성들은 잡초 취급을 받았다. 뽑아서 버리고 그곳에 일본 사람들을 심어야 했으니 조선인이 자본을 축적해서 성장하는 걸 막아야 했고 그러한 조치로 나온 것이 바로 회사령이다.

하지만 회사령은 3.1 만세 운동 이후 철폐된다. 무작정 막으려고 하다가는 엄청난 저항에 직면해 식민지를 잃을 수 있겠다는 위기감 때문이었다. 회사령 철폐 이후 조선인은 자유롭게 회사를 설립할 수 있었지만 자본과 기술, 법적인 보호 모두 부족한데다 일본 회사들과 경쟁해야 했으므로 자리 잡기가 쉽지 않았다. 그나마 고무신은 이하영 같은 친일파들이 투자했기 때문에 조선총독부에서도 쉽사리 간섭하지 못했다.

조선인이 운영하는 고무신 회사들이 성장한 또 다른 이유
는 조선인의 의복이 변하면서 자연스럽게 고무신의 수요가
늘어났기 때문이다. 근대에 접어들어 여성의 외부 활동이 늘
어났다. 여성이 학교와 교회, 직장을 다니자 복식에도 변화가
생겼다. 가장 큰 변화는 치렁치렁 길어 걷기에 불편했던 치마
가 짧아져 발목이 드러난 것이다. 그러자 신는 신발도 바뀌었
다. 버선이 맵시가 없다고 생각한 신여성들은 양말과 서양식
구두를 신었다. 발목을 감싸는 양말이 버선보다 모양새가 좋
아 보였고 착용도 편리했다. 양말 착용이 늘어나면서 고무신
을 신는 비중도 늘어났다. 서양식 구두는 비싸서 못 신고 싸
고 튼튼한 고무신이 외출용 신발이 된 것이다. 1930년대 여성
들은 짧은 치마에 양말과 고무신을 신고 외출하는 것이 일상
이 되었다.

¶ 고무신 절도사건

고무신 사용이 늘면서 절도 사건도 늘었다. 1925년 1월 19
일 자 동아일보는 혼자서 1,000여 족에 달하는 고무신을 훔친
희대의 절도범이 체포되었다는 소식을 실었다. 고무신 주문
을 받으러 다니면서 고무신을 파는 상점들의 내부 구조를 파
악하고 밤중에 자물쇠를 쇠막대기로 비틀어 열고 침입했다고

한다. 무려 일곱 상점을 턴 그가 훔친 금액은 700원에 달했다. 비슷한 시기 축음기가 30원에서 백 원 정도였다는 점을 감안하면 적지 않은 금액이라 할 수 있다.

한편 고무신은 범인을 체포할 때 중요한 단서가 되기도 했다. 1925년 2월 27일, 보령 경찰서는 73세의 일본인 노파를 방화 혐의로 체포해서 공주검사국으로 압송했다. 같은 달 21일 새벽 5시에 근처에 사는 다른 일본인의 집 뒷마당에 쌓아 둔 소나무 가지에 불이 붙은 일이 있었다. 다행히 집주인이 금방 발견하고 껐지만 누구의 소행인지는 밝혀내지 못했는데 눈 위에 찍힌 고무신 발자국을 따라가 일본인 노파가 범인이라는 사실을 밝혀냈다. 왜 불을 냈는지는 기사에 나오지 않았으므로 알 수 없다. 다만 목조 건물을 짓고 사는 일본에서는 실수로 낸 불이라 해도 엄중하게 처벌했으니 고무신 때문에 붙잡힌 일본인 노파 역시 처벌을 면치 못했을 것이다.

안타깝게도 독립운동가를 체포하는 데 고무신이 일조하는 경우가 있었다. 1923년 7월 27일 자 조선일보는 최경호라는 독립운동가가 사형 판결을 받은 사연을 소개했다. 1894년 함경북도 종성군에서 태어난 최경호는 1920년부터 항일운동에 뛰어들었다. 간도로 건너간 그는 최조류이라는 독립운동가의 경호원 겸 연락책으로 활동하다가 그해 7월 경호 부장인 이명화의 지시를 받아 용정촌에 사는 22살 청년 김주연을 체포한다. 그가 일본의 밀정 노릇을 한 것을 밝혀낸 것이다. 김주연을 끌고 간 최경호는 그를 처형하고 시신을 암매장한다. 그리고 비슷한 시기 두 명의 밀정을 이명화와 함께 독군부로 압송하다가 같은 곳에서 처형하고 시신을 암매장한다. 최경호가 밀정들의 시신을 매장한 곳은 느티나무가 몇 그루 있는 곳으로 동굴 같은 곳에 묻어 겉으로 보기에는 전혀 티가 나지 않았다. 하지만 밀정 중 한 명이 신고 있던 고무신 한 켤레가 발견되면서 그만 발각된 것이다.

1923년 6월 일본 경찰에 체포된 최경호는 청진 법원에서 사형 판결을 받고 항소했지만 경성 복심법원에서 기각된다. 그리고 그해 12월 서대문 형무소에서 형장의 이슬로 사라졌다. 대한민국은 그의 공로와 희생을 인정해 1995년 건국훈장 애족장을 수여했다.

고무신은 응징하는 무기로도 사용되었다. 1923년 12월, 평안남도 개천에서는 최덕준이라는 사람이 장원주라는 조선인 순사의 뺨을 고무신으로 때리는 일이 벌어졌다. 나는 새도 떨어뜨린다는 순사의 뺨을 고무신으로 때린 이유는 장원주의 악행 때문이다. 최덕준에게 심부름시키고는 집에 있는 그의 아내에게 몹쓸 짓을 하려고 했던 모양이었다. 다행히 눈치를 챈 최덕준이 돌아와서 이 광경을 목격하고는 고무신으로 응징을 가했다.

¶ 고무신의 부작용

고무는 질기고 튼튼하며 방수 성능이 뛰어나지만, 습기가 빠져나가지 못하고 땀이 외부로 배출되지 않는다. 거기다 고무에 섞인 유황 냄새가 머리를 아프게 하고 발을 짓무르게도 한다. 특히 고무에 중독된다는 사실은 고무로 만든 신발이 유행하던 시점부터 나온 얘기였다.

1921년 8월 28일 자 조선일보에는 이와 관련한 내용이 기사로 실렸다. 고무신이 미투리보다 싸다고 해서 크게 유행했는데 발이 썩고 고무 중독 증상이 심해서 병원에 입원한 사람들이 많다는 소식이었다. 그러면서 일본 피혁 계 유력 인사의 말을 빌려 동경에서도 한때 고무 신발이 유행했지만 중독 증상 때문에 사라졌다면서 경성도 마찬가지가 되리라 예측했다.

고무로 된 신발을 신으면 발이 썩는다는 소문이 퍼지자 관련 업계에서는 반박과 함께 진화에 나섰다. 원창양행의 윤태무라는 인물이 해명하는 내용을 보자. 그는 고무신을 신다가 발이 썩어서 병원에 입원한 사람이 수백 명이라는 소문은 완벽한 헛소문이라면서 고무신의 유래부터 설명한다.

고무는 공기가 통하지 않는 물질로 비가 오거나 땅이 습할 때 덧신으로 사용한 것이 시작이었고, 제1차 세계대전으로 가죽의 가격이 오르자 고무로 만든 구두도 판매되었다. 이런 잘못된 소문이 퍼진 것을 대단히 유감스럽게 생각하고 하나 하나 해명하겠다. 더운 날 고무신을 하루 종일 신으면 발이 짓무르고 냄새가 나는 건 사실이지만 같은 날씨에 가죽으로 된 구두를 신어도 마찬가지다.

이런 요지의 내용이었다. 그는 여름이 아닌 계절에는 상관이 없으니 발을 깨끗하게 씻어야 한다고 충고까지 했다. 아울러 여름에도 비가 오는 날에만 신으면 아무 문제가 없다고 강조했다. 마지막으로 일본에서 고무신의 유행이 끝났다는 피혁상의 얘기는 극히 애매모호하다면서 마무리를 짓는다.

윤태무가 소속된 원창양행은 대륙고무공업주식회사를 세운 이하영의 아들 이규원이 무역업을 할 목적으로 세운 회사였다. 처음에는 면포와 주단을 수입했지만 아버지 이하영이 만든 고무신을 위탁판매 하는 총판 역할을 맡았다. 그 회사의 소속 직원이었으니 당연히 고무신을 나쁘게 얘기하지 않았다.

하지만 다음 해인 1922년 6월에도 고무 중독에 관한 기사를 찾아볼 수 있다. 전라남도 광주 일대에 아이들과 여인들의 발과 다리에 부스럼이 유행인데 고무 경제화를 오래 신어서 그런 것 같다는 내용이었다. 한여름이 다가오니 버선도 신지 않고 맨발로 고무경제화를 신어서 환자들이 더 많이 생긴 것 같다고 유추했다. 이는 고무신이 처음 등장할 당시 연구자들이 지적했던 내용과 동일하다. 그래서 서양에서는 주로 신발

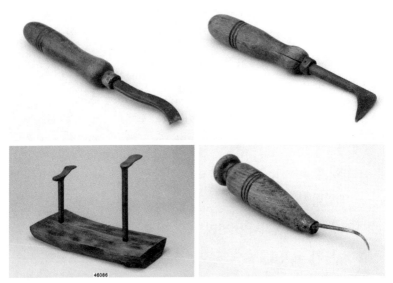

● 고무신을 수선하거나 땜질할 때 쓰는 공구들 ⓒ 출처 : 국립민속박물관

위에 신는 덧신으로 만들어졌고 일본에서도 밑창을 제외한 부분은 땀과 습기를 배출할 수 있는 천으로 만든 지카다비가 고무 신발을 대체했다. 반면 조선에서는 이런 문제에도 불구하고 신발 전체를 고무 재질로 만든 것이다.

이는 조선인의 생활 습관과 연관이 깊었다. 조선식 고무신은 발등 부분이 드러나 있어 통풍 문제를 어느 정도 해결했다. 아울러 좌식 문화라서 집안에 들어갈 때마다 신발을 벗었고 버선을 신고 고무신을 신었다. 집안에서도 신발을 신고 입식 생활을 하는 서양이나 청나라는 통풍이 되지 않는 고무신의 단점이 극대화되었고, 일본 역시 습기가 많은 기후라 맨발에 신발을 신는 경우가 많아 고무신을 신게 되면 여러 문제가 발생했는데 조선에서는 버선을 신고 고무신을 신었기 때문에 그 문제에서 비교적 자유로웠다.

그리고 일본에게 착취당하고 있던 조선 사람들에게는 고무신조차 사치였다. 가죽이나 천을 써서 가공한 신발은 비쌀 수밖에 없고 이는 대다수 사람이 원하는 바가 아니었다. 부작용이 있다고 해서 고무신을 포기하기엔 조선은 너무 가난했다. 고무신이 터지거나 구멍이 나도 버리지 못해 장날이 되면 들고 나가 신기료장수에게 수선하여 다시 신을 정도였다. 덧붙이자면 신기료장수는 원래는 가죽신을 수선하던 수선공이었지만 시대가 바뀌면서 가죽신 대신 고무신을 수선하게 되었다. 구멍이 나거나 터진 부분에 접착제를 바르고 달군 쇠로 눌러서 구멍을 메우는 방법으로 고무신을 수선했다.

¶ 고무신을 낮춰보는 시선들

고무신을 많이 신게 되자 역설적으로 낮춰 보는 시선이 높아졌다. 서양 복식을 입는 사람들이 늘어나면서 상대적인 우월감이 생긴 것도 한 가지 원인이었다.

1910년대에는 두루마기에 고무신을 신고 밀짚모자의 일종인 맥고모자를 쓰면 나름 옷을 잘 차려입은 신사 대접을 받왔다. 하지만 1930년대가 되면 이런 옷차림은 구식처럼 느껴진다. 구보 박태준이 쓴 〈소설가 구보씨의 일일〉에서 길을 걷던 그가 보통학교를 같이 다닌 동창을 만나는 장면에서 이를 엿볼 수 있다. 보통학교 동창은 두루마기에 하얀 고무신을 신고 맥고모자를 썼다. 그걸 본 박태준은 동창의 행색이 초라하다는 평을 남긴다. 한때는 근대화의 상징이자 서양 문물로 호기심을 불러일으켰던 고무신이 가난한 사람들이 신는 신발이 된 것이다.

이런 경향은 고등 보통학교 교복에서도 엿볼 수 있다. 초창기에는 한복을 교복으로 입어서 고무신을 신는 게 이상하지 않았다. 하지만 시간이 지나면서 서양식 교복을 입게 되자 고무신은 어울리지 않았다. 당시 고등 보통학교가 가지고 있는 위상을 생각한다면 고무신은 그 위상을 하락시키는 신발이었다.

한복을 입어도 서양식 가죽구두를 신는 일들이 늘어났다. 여학생들도 버선에 고무신보다는 양말을 신고 구두를 신는 쪽을 선호했다. 위생적으로도 문제가 있다는 의견이 많아졌다.

그런데도 고무신은 계속 팔렸고, 고무신 회사 역시 속속 들어섰다. 냄새가 나고 건강에 안 좋다고 해도 고무신을 대체할 만한 게 없었다. 고무신은 1년은 너끈히 신을 수 있고 이를 고쳐주는 신기료장수들도 있으니 아무리 사회 엘리트층이 신발 취급을 하지 않는다 해도 민중은 고무신을 소중하게 여겼다. 고무신이 비싸 짚신과 같이 신는 사람도 많았다.

¶ 전쟁과 고무신

1937년, 일본은 중국을 집어삼키기 위해 중일 전쟁을 벌였다. 일본의 침략 행위에 맞서 미국은 석유 금수조치를 내린다. 일본은 전쟁에 필요한 각종 전략 물자의 사용을 통제하는데 고무도 그중 하나였다.

애꿎은 고무신만 날벼락을 맞았다. 1938년과 1939년 각각 고무신 판매 제한령과 가격 통제령이 시행되었다. 하지만 가격을 통제한다고 해서 가격이 내려가진 않았다. 곧 암시장을 통해 엄청나게 높은 가격으로 고무신이 거래되기 시작했다. 거기다 도매상들이 폭리를 취하기 위해 제품을 시장에 내놓지 않으면서 대부분의 고무신 상점이 문을 닫게 된다.

고무신 가격이 올라가고 귀해지면서 좀도둑이 늘어났다. 이전에는 고무신을 파는 상점에 침입했다면 일반 가정집에 있는 한두 켤레의 고무신을 노렸다. 고무신이 사라진 발에는 짚신과 게다 같은 이전의 불편한 신발들이 신겨졌다. 1940년대가 되자 시장에 사라졌던 짚신과 미투리가 다시 나타났다.

생고무로 고무신을 만드는 것이 금지되면서 재생고무로 만든 고무신이 나왔다. 하지만 재생고무로 만든 고무신은 생고무로 만든 고무신에 비해 딱딱하고 잘 파손되었으며 착용감도 좋지 않았다. 그나마 재생 고무신 역시 수량이 넉넉하지 않아 복잡한 절차를 거쳐 배급되었다.

일단 부윤과 군수 등이 적당량의 고무신을 각 지역 도매상에 나눠준다. 그러면 소매상이 도매상에게 가서 고무신을 받고 관련 서류를 관청에 제출한다. 관청에서는 면장들에게 구매권을 나눠주고 면장들은 다시 일본이 조직한 애국반 반장에게 배부한다. 반장들은 받은 구매권을 가지고 제비뽑기를 통해 구매할 반원을 정한다. 뽑힌 반원은 구매권을 가지고 소매상에게 가서 돈을 내고 산다.

자기 돈을 내고 사는데도 제비뽑기를 해야 할 정도로 상황이 좋지 않았던 것이다. 하지만 돌아가면서 한 명씩 고무신을 사게 되자 그때까지 고무신을 신지 않았던 사람도 사는 경우도 있었고, 추첨제가 공정하게 운용되지 못하면서 많은 잡음을 내기도 했다. 이런 고통은 일본이 항복하고 광복될 때까지 이어진다.

¶ 광복 이후의 고무신

광복 이후에도 고무신은 한동안 우리 곁에 있었다. 오히려 더 많은 사랑을 받았는데 물자 제한이 없어지면서 자유롭게 생산할 수 있게 되었기 때문이다. 특히 부산에 전쟁 피난민이 몰리면서 이들의 노동력을 이용한 고무신 공장이 속속 들어섰다. 1947년 설립된 국제화학주식회사는 '왕자표'라는 브랜

● 국제화학주식회사에서 생산한 왕자
고무신을 홍보하기 위한 광고지
ⓒ 서울역사박물관

드를 앞세워 고무신을 대량으로 생산
했다. 여전히 생필품으로 당당히 위
치하던 고무신은 1960년대 국내 신발
생산 업체들이 일본과의 합작으로 신
발을 제작하게 되면서 점점 사양길로
접어든다. 경제 호황이 지속됨에 따라
사람들은 이제 고무신 대신 운동화나
구두를 신게 되었다. 근대 문물이었던
고무신은 박물관에서나 볼 수 있는
유물이 된 걸까?

¶ 체공녀 강주룡

고무신을 생각할 때 떠오르는 사람이 있다. 바로 체공녀 강
주룡이다. 대륙고무공업주식회사를 비롯해 고무신 공장들은
계속 늘어났다. 하지만 그곳에서 일하는 노동자들, 특히 여성
노동자의 대우는 아주 형편없었다. 유황이 첨가된 고무를 녹
여 만들어야 하는 공정 때문에 머리가 지끈거릴 정도였지만
급여는 아주 적었고 근무 시간은 열 시간을 넘었다. 그러고도
여성이라는 이유로 남성에 비해 적은 급여가 손에 쥐어졌다.

1901년 평안북도 강계에서 태어난 강주룡은 14살 때 온 가족이 함께 서간도로 건너가 20살 무렵에 만난 최전빈과 혼인을 한다. 하지만 얼마 지나지 않아 남편이 사망하고 그는 다시 조선으로 돌아와 평양에 있는 평원고무공장에 취직해서 생계를 꾸린다. 남편을 잃은 여인이 할 수 있는 일은 별로 없었으므로 공장에서 일하는 것은 그에게는 최선이었다. 하지만 그는 낮은 임금과 차별대우에 시달려야만 했고 설상가상으로 임금 삭감을 통보 받았다. 경기 침체로 인한 불경기 때문이라는데 간당간당한 급여로 겨우 연명하던 노동자들에게는 날벼락이었다.

참다못한 노동자들은 1931년 5월 16일 공장을 점거한 채 파업에 돌입했다. 당시 파업을 한다는 것은 목숨을 내놔야 할 정도로 위험했지만 강주룡과 노동자들에게는 생계가 걸린 일이었으므로 다른 선택은 없었다. 하지만 공장주는 모든 대화를 거부한 채 경찰을 불러 그들을 공장 밖으로 쫓아낸다.

5월 29일 새벽, 공장 밖으로 쫓겨난 강주룡은 을밀대로 향한다. 원래는 가지고 간 광목으로 줄을 만들어서 목을 매달 생각이었다. 그런데 마음을 바꿔 먹고 광목을 밧줄처럼 잡고 을밀대 지붕으로 올라갔다. 그리고 날이 밝기를 기다렸다가 몰려든 사람들에게 억울함을 호소했다. 파업이라는 것도 익숙지 않던 시절이었다. 강주룡은 사람들에게 노동자의 생존권을 목놓아 외쳤다. 그런 그에게 사람들은 체공녀(滯空女, 공중에 떠 있는 여자)라는 별명을 붙여주었다.

● 평양 을밀대에 오른 강주룡 ⓒ 『동광』동광사, 1931년 7월호

소식을 접한 일본 경찰은 사다리를 걸쳐놓고 올라가서 연설하는 강주룡을 체포했다. 감옥에 간힌 강주룡은 단식으로 맞선다. 무려 70시간이 넘는 단식 끝에 풀려났고 평원고무공장 측은 임금 삭감을 철회했다. 하지만 강주룡은 또다시 일본 경찰에게 체포된다. 이번에도 그는 단식으로 억울함을 호소했다. 건강이 크게 나빠져 병보석으로 석방되었으나 연이은 단식으로 몸이 급격하게 약해진 그는 그해 8월 13일 평양의 빈민가에서 숨을 거둔다. 그의 나이 31살이었다.

오늘날에도 노동자들은 자신의 억울함을 호소하기 위해 고공농성을 택하곤 한다. 아주 높은 곳에 올라가야만 사람들은 비로소 노동자들의 한 서린 목소리에 귀를 기울인다. 일본의 식민 지배가 끝났음에도 노동자들은 낮은 임금과 부당한 해고에 고통받고 있다. 진정한 해방은 오지 않은 셈이다.

참고 문헌

재봉틀

- 조민영, 『근대 재봉틀의 보급과 생활경제의 변화』, 연세대학교 대학원, 2021
- 정연경, 『근대 여성 운동·교육 및 사회적 진출과 여성상』, 기초조형학연구, 2014
- 소왕옥, 신복순, 『전통적 가치관 속에 나타난 바느질에 관한 연구』, 한복문화학회, 2009
- 이종금, 『초등실과 「재봉틀로 용품 만들기」 단원의 운영 실태에 관한 연구』, 한국실과교육학회지, 2006
- 홍덕구, 『한국 근대소설과 재봉(틀)이라는 기술/기계』, 동악어문학, 2021
- 앤드루 고든, 『재봉틀과 일본의 근대』, 소명출판, 2021

성냥

- 최재성, 『상공인명록을 통해 본 1930년대 초 인천지역 기업 활동』, 인천학연구, 2019
- 우승하, 김희정, 진춘일, 『배다리 성냥 마을 관련 논문』, 박물관학보, 2019
- 김양섭, 『일제강점기 인천 성냥 공장 여성노동자의 동맹파업』, 지방사와 지방문화, 2014
- 김양섭, 『해방 전후기 인천 성냥 제조업의 변화』, 인천학연구, 2015

무성 영화

- 정종화, 『'경성촬영소'의 설립과 전기(前期) 제작 활동 연구』, 영화연구, 2019
- 노지승, 『나운규 영화의 관객들 혹은 무성 영화 관객에 대한 한 연구』, 상허학보, 2008
- 한상언, 『무성 영화시기 경성의 영화관에 관한 연구』, 유네스코 세계문화예술교육대회-창의 인성 교육 학술대회, 2010
- 박경진, 『변사와 무성 영화 미학』, 중앙대학교 첨단영상대학원, 2011
- 김려실, 『일제시기 영화제도에 관한 연구』, 영화연구, 2009
- 김수남, 『조선무성 영화 변사의 기능적 고찰과 미학 연구』, 영화연구, 2004
- 전평국, 『초창기 한국영화비평에 관한 연구 - 1920~1930년대 중반까지를 중심으로』, 한국콘텐츠학회논문지, 2005
- 박희, 정수연, 『한국영화 기술발달에 관한 연구 - 해방 전 시기를 중심으로』, 韓國思想과 文化, 2010

전차
- 최인영, 『1929년 조선 박람회에 활용된 경성의 교통망 (전차)』, 서울학연구, 2018
- 박리디아, 강동진, 『노면전차, 19세기 대중교통수단의 진화와 발전』, 한국도시설계학 회지, 2021
- 최인영, 『서울지역 전차교통의 변화양상과 의미 (1899~1968)』, 서울시립대학교, 2014
- 안창모, 『대한제국과 경인철도 그리고 서울역』, 철도저널, 2017
- 서울역사박물관, 『서울의 전차』, 서울책방, 2019

석유풍로(곤로)
- 이규진, 『근대이후 100년간 한국 육류 구이 문화의 변화』, 이화여자대학교 대학원, 2010
- 이종서, 『고려 조선 전기 상류주택의 방한 설비와 취사 도구』, 역사민속학, 2007
- 김성원, 『점화본능을 일깨우는 화덕의 귀환』, 소나무, 2011

인력거
- 문종안, 『20세기 초 서울의 인력거 연구』, 목포대학교 대학원 사학과, 2017
- 오연옥, 『근대소설에 나타난 과학과 교통기술의 매체성 연구』, 한국문학논총 제71집, 2015
- 김수철, 최재완, 이지은, 『근·현대문화재 인력거 재질분석 연구』, 보존과학회지 Vol.32 No.1, 2016
- 조성환, 『도시 매체와 인력거 -인력거를 따라 근대 도시의 풍경선 둘러보기-』, 중국어 문학 제59집, 2012
- 송현호, 『〈운수 좋은 날〉과 〈낙타상자〉의 비교 연구 - 인력거 모티프를 중심으로』, 비교문학 제28집, 2024호, 2015

축음기
- 국사편찬위원회, 『기록과 유물로 본 우리 음악의 역사』, 한국문화사 25, 2009
- 박도현, 『1930년대 레코드사 마케팅에 나타난 대중음악의 고찰』, 경희대학교 퓨전디 자인대학원, 2011
- 손성목, 『참소리 축음기·오디오 과학 박물관』, 전진프로덕션, 1997
- 김토일, 『소리의 문화사 : 축음기에서 MP2까지』, 살림출판사, 2005
- 프리드리히 키틀러, 『축음기, 영화, 타자기』, 문학과 지성사, 2019
- 과학학습콘텐츠 : https://smart.science.go.kr/scienceSubject/main/list.action
- 한국음반아카이브연구소 : http://www.78archive.net/

고무신

- 김성주, 임정덕, 이종호, 『한국 신발산업의 진화 동태성과 쇠퇴 요인』, 한국경제지리학회지 제11권 제4호, 2008
- 김경일, 『일제하 고무 노동자의 상태와 노동운동』, 한국사회사연구회논문집 9권, 1987
- 이송희, 『일제하 부산지역 방직공장. 고무공장 여성노동자들의 쟁의』, 이화사학연구 30권, 2003
- 이효선, 『일제강점기 고무신에 관한 연구』, 이화여자대학교 대학원 의류학과, 2015
- 이효선, 홍나영, 『20세기 초중반 한중일 고무제 신발의 조형성 및 수용양상 비교 연구』, 한복문화 제18권
- 전현실, 홍나영, 『한국근대소설의 여성복식에 나타난 문화현상 분석』, 복식 제61권 6호, 2011
- 이순우, 『값싸고 질긴 '국민 신발' 고무신』, 문화재사랑, 2014

전체 참고 문헌

- 조선왕조실록 http://sillok.history.go.kr
- 네이버 뉴스라이브러리 http://newslibrary.naver.com
- 한국사 데이터베이스 http://db.history.go.kr
- 한국민족문화대백과사전 http://encykorea.aks.ac.kr
- 한국민속대백과사전 https://folkency.nfm.go.kr/kr
- 우리역사넷 http://contents.history.go.kr
- 국립민속박물관 https://www.nfm.go.kr
- 대한민국역사박물관 http://www.much.go.kr
- 서울역사박물관 https://museum.seoul.go.kr
- 지역N문화 https://www.nculture.org
- 한국영화데이터베이스 https://www.kmdb.or.kr
- 한국영상자료원 https://www.koreafilm.or.kr
- e뮤지엄 https://www.emuseum.go.kr
- 국립중앙박물관 https://www.museum.go.kr/

근대 사물 탐구 사전

초판 1쇄 발행 2022년 10월 30일

지은이 정명섭

기획편집 도은주, 류정화
SNS 홍보·마케팅 박관홍

펴낸이 윤주용
펴낸곳 초록비책공방

출판등록 2013년 4월 25일 제2013-000130
주소 서울시 마포구 월드컵북로 402 KGIT 센터 921A호
전화 0505-566-5522 팩스 02-6008-1777

메일 greenrainbooks@naver.com
인스타 @greenrainbooks @greenrain_1318
블로그 http://blog.naver.com/greenrainbooks
페이스북 http://www.facebook.com/greenrainbook

ISBN 979-11-91266-61-0 (03380)

어려운 것은 쉽게 쉬운 것은 깊게 깊은 것은 유쾌하게

초록비책공방은 여러분의 소중한 의견을 기다리고 있습니다.
원고 투고, 오탈자 제보, 제휴 제안은 greenrainbooks@naver.com으로 보내주세요.

※ 이 책은 한국출판문화산업진흥원의 '2022년 인문 교육 콘텐츠 개발 지원 사업'을
   통해 발간된 도서입니다.